国家中等职业教育改革发展示范学校建设项目成果

零件的普通加工

主　编　冯铿锵
副主编　梁廷波
参　编　谢永峰

机械工业出版社

本书以工作任务为载体，以技校学生的认知规律为依据，根据企业实际加工任务安排教学内容。在学习与工作一体化的情境下，引导学生完成钳工、卧式车床、立式铣床和普通平面磨床等的典型加工任务，让学生经历完整的学习与工作过程，强化课程教学的职业性，通过项目实战，培养学生的职业意识、创新意识、团队沟通与协作能力，以及自我控制与工作控制能力，充分体现了"学习的内容是工作，通过工作实现学习"的教学理念，在专注培养专业能力的同时，促进学生综合职业能力的发展。

本书既可以作为技工学校机械加工等专业的教学用书，也可以作为相关行业的岗位培训用书。

图书在版编目（CIP）数据

零件的普通加工/冯铿锵主编．—北京：机械工业出版社，2013.7（2025.8重印）

ISBN 978-7-111-43108-4

Ⅰ.①零…　Ⅱ.①冯…　Ⅲ.①机械元件-加工-教材　Ⅳ.①TH13

中国版本图书馆 CIP 数据核字（2013）第 146101 号

机械工业出版社（北京市百万庄大街22号　邮政编码100037）
策划编辑：王佳玮　　责任编辑：王佳玮　王海霞
责任校对：张　薇　　封面设计：路恩中　责任印制：常天培
河北虎彩印刷有限公司印刷
2025年8月第1版第6次印刷
184mm×260mm · 9.5 印张 · 229 千字
标准书号：ISBN 978-7-111-43108-4
定价：39.00 元

电话服务　　　　　　　　　网络服务
客服电话：010-88361066　　机　工　官　网：www.cmpbook.com
　　　　　010-88379833　　机　工　官　博：weibo.com/cmp1952
　　　　　010-68326294　　金　书　网：www.golden-book.com
封底无防伪标均为盗版　　　机工教育服务网：www.cmpedu.com

前　言

随着社会经济的不断发展，现代企业大量引进新的管理模式、生产方式和组织形式，这一变化趋势要求企业员工不仅要具备工作岗位所需的专业能力，还要具备沟通、交流和团队合作等过程性能力，以及解决问题和自我管理的能力，能对新的、不可预见的工作情况做出独立的判断并给出应对措施。为了适应经济发展对技能型人才的要求，培养高素质的机械加工技能型人才，编者根据相关岗位综合职业能力的要求编写了本书。

编者按照工学结合人才培养模式的基本要求，通过深入企业调研、认真分析普通机械加工设备应用工作岗位人员的典型工作任务，以典型工作任务为载体，将企业典型工作任务转化为具有教学价值的学习任务。学习者在完成工作任务的过程中，可以学习钳工、卧式车床、立式铣床和卧式铣床等的操作技能，以及测量技术等重要的专业基础知识和技能，培养综合职业能力。

本书有四个工作任务：加工尾座扳手、制作安全锤、制作小型压力机、制作平口钳，每个工作任务由若干个活动组成，具有清晰的工作过程。另外，书后附有一个考核任务，供学生巩固和检验所学知识。

本书由广州工贸技师学院冯铿锵担任主编，梁廷波担任副主编，谢永峰参加了编写。

本书在编写过程中参阅了一些相关教材和资料，在此对各位作者表示感谢。

由于水平有限且时间较为仓促，书中难免存在不足之处，敬请读者批评指正，并提出宝贵意见。

编　者

目　　录

前言
工作任务一　加工尾座扳手 ················ 1
　活动一　接受加工任务 ···················· 1
　活动二　制订加工方案 ···················· 4
　活动三　加工 ···························· 7
　活动四　检测及误差分析 ················ 23
　活动五　设备维护保养 ·················· 26
　活动六　工作总结与评价 ················ 28
工作任务二　制作安全锤 ················ 31
　活动一　接受加工任务 ·················· 31
　活动二　制订加工方案 ·················· 33
　活动三　加工 ·························· 40
　活动四　检测及误差分析 ················ 55
　活动五　设备维护保养 ·················· 58
　活动六　工作总结与评价 ················ 62
工作任务三　制作小型压力机 ············ 65

　活动一　接受加工任务 ·················· 65
　活动二　制订加工方案 ·················· 79
　活动三　加工 ·························· 85
　活动四　检测及误差分析 ················ 95
　活动五　设备维护保养 ·················· 99
　活动六　工作总结与评价 ··············· 101
工作任务四　制作平口钳 ··············· 105
　活动一　接受加工任务 ················· 105
　活动二　制订加工方案 ················· 116
　活动三　加工 ························· 119
　活动四　检测及误差分析 ··············· 128
　活动五　设备维护保养 ················· 136
　活动六　工作总结与评价 ··············· 138
考核任务　制作多功能安全锤 ··········· 141
参考文献 ···························· 145

工作任务一

加工尾座扳手

 任务情境

某五金设备公司的业务部门主管接到一张订单,要求生产一批卧式车床尾座使用的专用扳手,数量为50件,来料加工,尺寸如图1-1所示。现主管将该任务交给小闻,要求其在半个月之内完成。

小闻接到加工任务后,向客户了解了该零件的功能,并提出了合理化建议。经客户同意,小闻制订了加工方案,经业务部门主管审核后,选用必要的设备、工具和量具,对尾座扳手进行加工。加工完成后,小闻依照图样和技术要求检测零件,按规范放置零件后送检和签字确认,并填写相关表格(如设备运行记录等)。整个工作过程应遵循6S管理规范。

 学习内容

1. 派工单的填写。
2. 呆扳手的种类和适用场合。
3. 钳工工种安全操作规程。
4. 制订加工路线的方法。
5. 工具、量具和刃具的选择。
6. 高度游标卡尺的使用。
7. 锯削、锉削和钻削方法。
8. 麻花钻的刃磨。
9. 游标万能角度尺的使用。
10. 零件的检测方法。
11. 钻床的维护与保养。
12. 6S管理规范。

活动一 接受加工任务

 **学习目标**

1. 能识读派工单,并表述相关专业术语。
2. 能表述钳工工种的用途和应用范围。
3. 能表述不同种类扳手的使用方法和要求。
4. 能查阅所需资料(包括工作页、参考书、互联网等),在教师指导下与团队成员共同编写加工方案。

机加工车间。

掌握以下资讯与决策，才能顺利完成任务

一、派发任务

根据生产需要填写派工单（见表1-1）。

表1-1　派工单

日期：　　年　　月　　日

	开单部门		数量		派单人	
	接单部门		完成工时		接单人	
任务栏	零部件名称	要求完成日期	实际完成日期	审核结果	审核日期	审核人
备注	按照图样要求完成任务，并做好日常维护保养工作					
以下由接单人和确认方填写						
领取材料				仓库管理员（签名） （实训室管理员签名） 　　　　年　　月　　日		
领取工具						
完成质量				班组长（签名） 　　　　年　　月　　日		
用户意见				用户（签名） 　　　　年　　月　　日		
改进措施						

二、分析图样

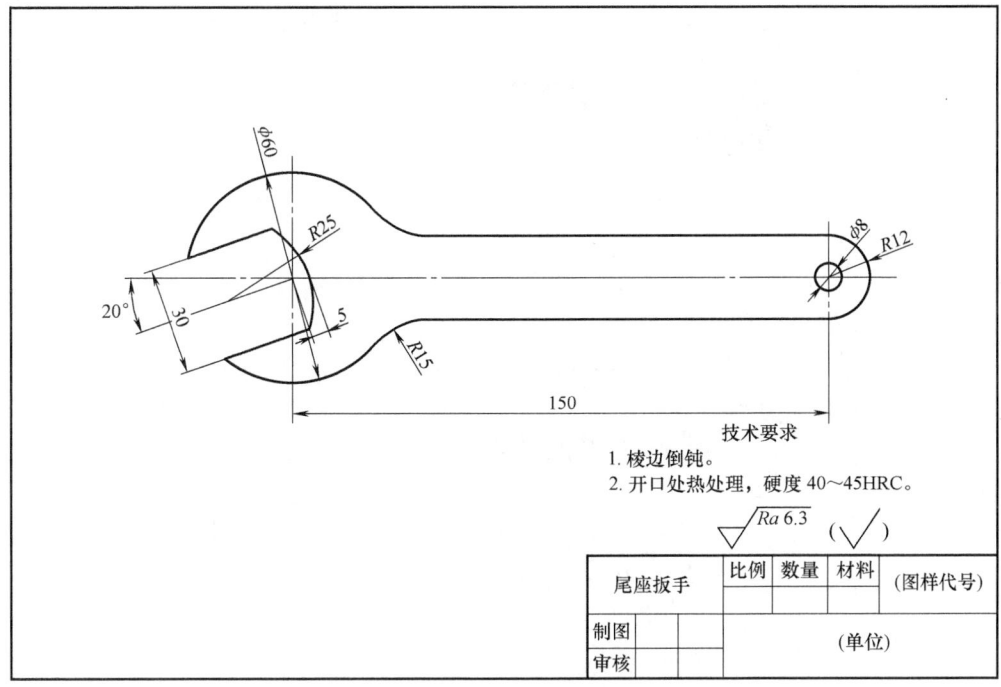

图 1-1 尾座扳手

想一想

1. 分析尾座（图 1-1）的加工特点（如尺寸及技术要求等），并确定零件毛坯尺寸。

答：_____

_____

_____

_____

2. 通过网络、书籍等了解常用扳手，完成表1-2。

表 1-2 常用扳手

种类	图样	材质	适用场合
活扳手			
梅花扳手			
双头固定扳手			

（续）

种类	图样	材质	适用场合
阀门扳手			
模锻两用扳手			
勾形扳手			
内六角扳手			

活动二　制订加工方案

 学习目标

1. 能表述钳工工种的安全操作规程。
2. 能分析产品工艺，合理确定加工线路。
3. 能正确选择工具、量具和刃具。

学习地点

机加工车间。

 学习过程

掌握以下资讯与决策，才能顺利完成任务

一、整理资料

1. 阅读实习车间内的操作规程和相关资料，填写图 1-2 中各安全标识的意义。

a)＿＿＿＿＿ b)＿＿＿＿＿ c)＿＿＿＿＿ d)＿＿＿＿＿

图 1-2　安全操作标识

2. 根据教师的介绍及查找相关参考资料，分析呆扳手图样，从图 1-3 中选择正确的工具和量具，并完成工艺文件。

a) 台虎钳　　　　　　　　　　　　　　b) 划针

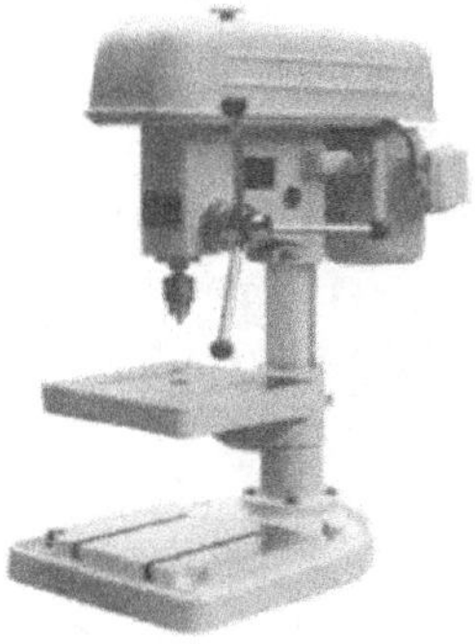

c) 台式钻床 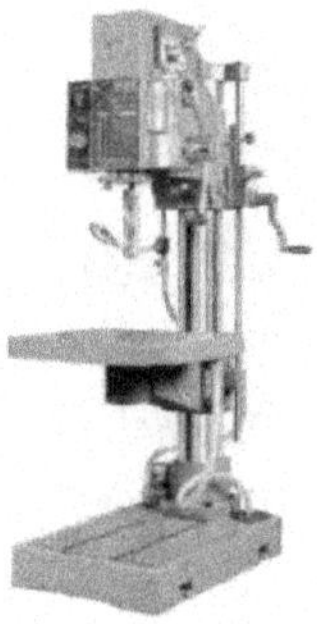　　　　d) 立式钻床 　　　　e) 立式砂轮机

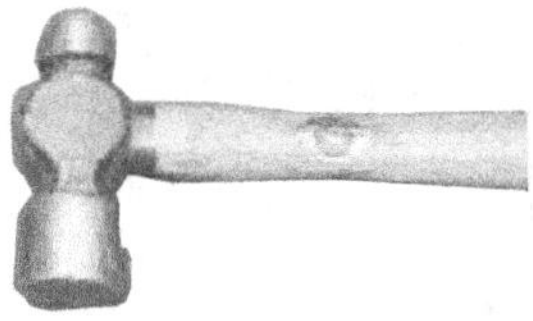

f) 锤子 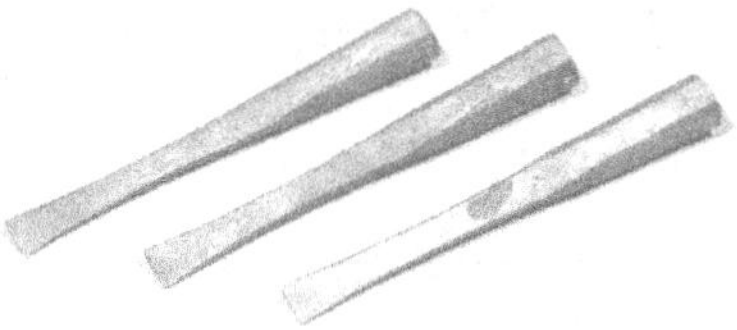　　　　　　g) 錾子　　　　　　h) 划规

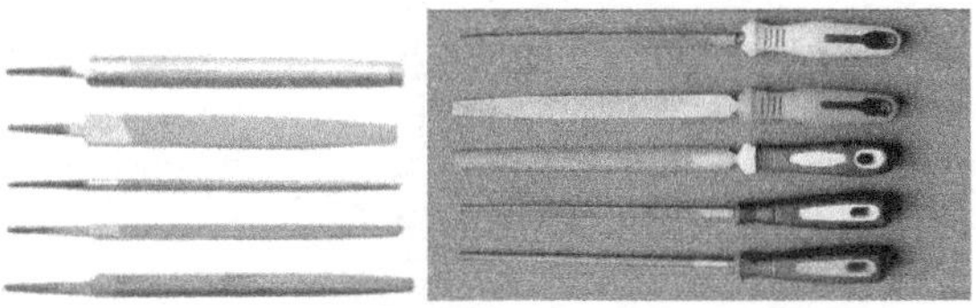

i) 锉刀 　　　　　　　　　　　　　　j) 钢丝刷

图 1-3　供选择工具、量具和刃具

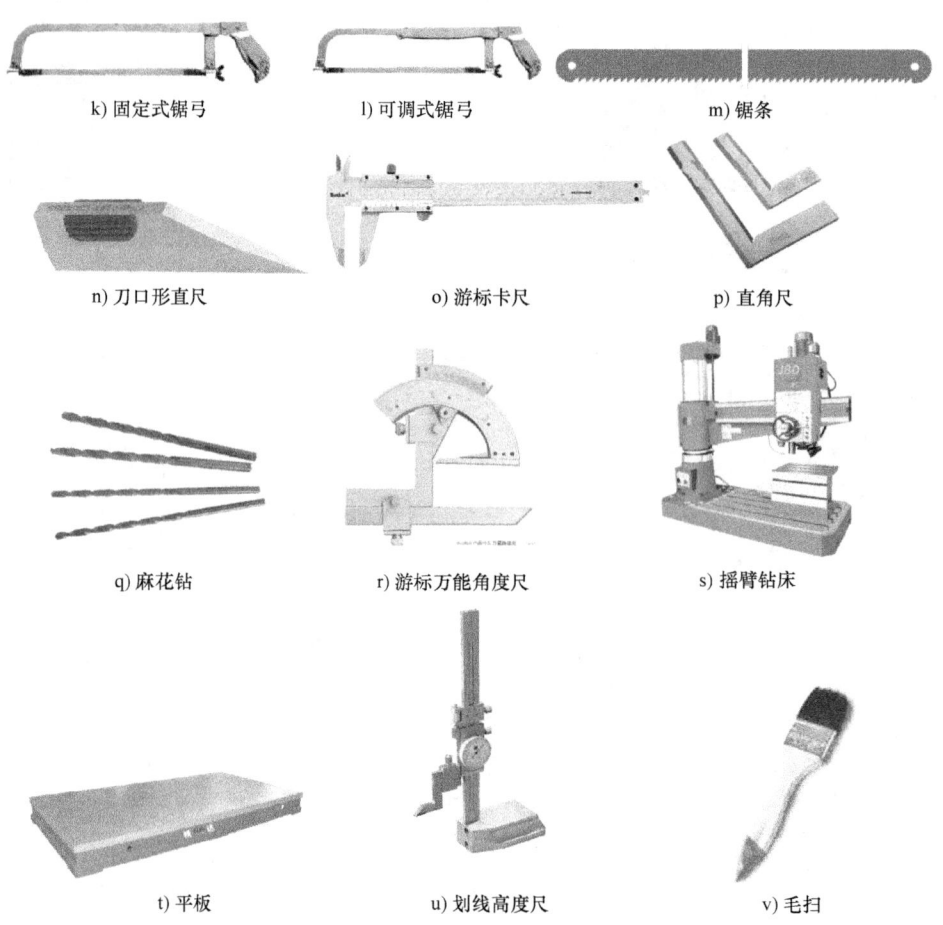

图 1-3 供选择工具、量具和刃具（续）

二、制订尾座扳手加工工艺

将尾座扳手加工工艺填入表 1-3。

表 1-3 尾座扳手加工工艺

序号	加工工序	设备	刃具	量具	备注
1					
2					
3					
4					
5					
6					
7					
8					
9					
10					

三、工具、量具和刃具的摆放

通过以上的学习,完成工具、量具和刃具摆放示意图(图1-4)。

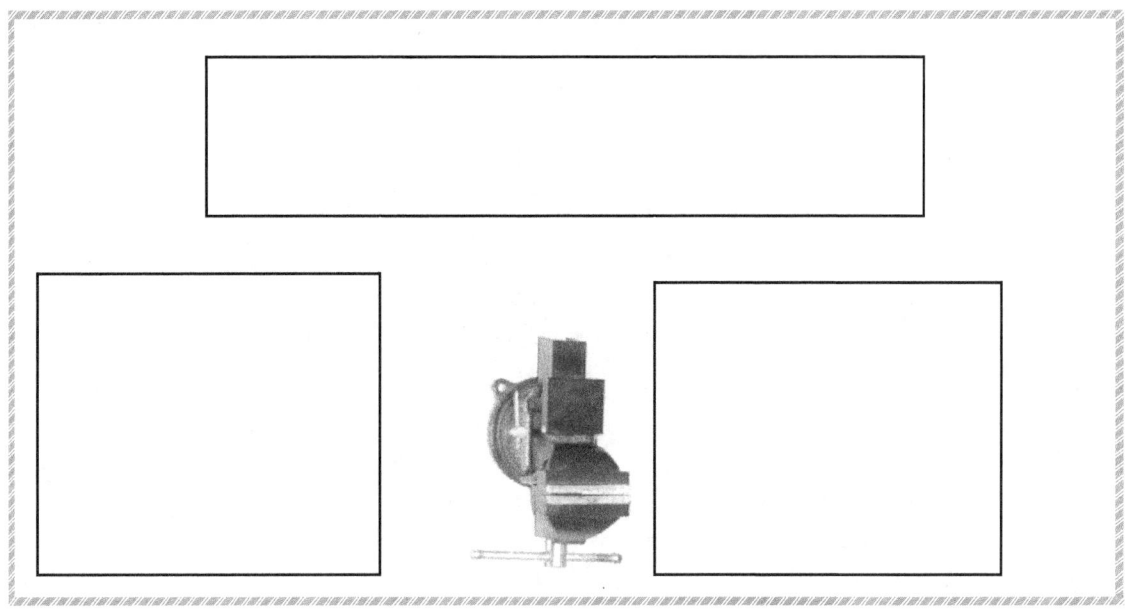

图1-4　工具、量具和刃具摆放示意图

活动三　加　　工

学习目标

1. 能正确使用高度游标卡尺。
2. 能正确锯削和锉削零件。
3. 能合理使用钻床加工孔类零件。
4. 能正确刃磨麻花钻。

学习地点

机加工车间。

学习过程

掌握以下资讯与决策,才能顺利完成任务

一、划线

1. 高度游标卡尺的使用方法

高度游标卡尺是用来测量制件表面相互位置和精密划线的量具,如图1-5所示。

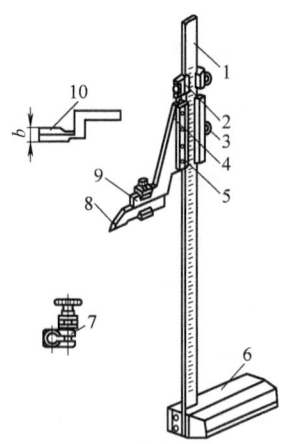

图 1-5　高度游标卡尺

想一想

参照图 1-5，查找相关资料，填写图中各部件的名称。

1—_____　2—_____　3—_____　4—_____　5—_____

6—_____　7—_____　8—_____　9—_____　10—_____

（1）对零　将高度游标卡尺底座擦净，放到干净的平板上，松开紧定螺钉将游标下移，直到测量爪与平板紧密接触，看零线是否对齐。如果零线有偏差，测量结果中应将偏差计算在内。

（2）测量方法　测量时，被测量工件应垂直放置在平板上，不能倾斜，如图1-6所示。然后将测量爪移到工件顶部至紧密接触，并锁好紧定螺钉。

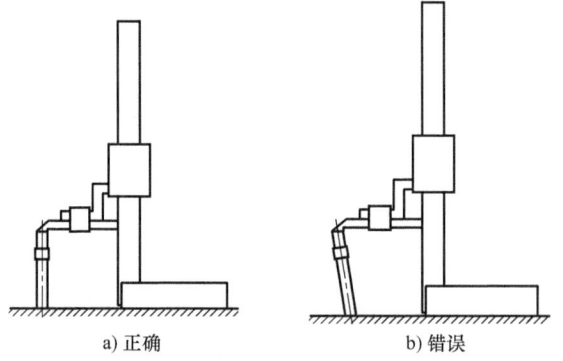

图 1-6　高度游标卡尺的使用

（3）读数　高度游标卡尺的读数原理与游标卡尺相同。读数时，首先以游标零刻度线为准，在尺身上读取毫米整数，即以毫米为单位的整数部分；然后看游标上第几条刻度线与尺身的刻度线对齐，若没有正好对齐的线，则取最接近对齐的线进行读数。如有零误差，则一律用上述结果减去零误差（零误差为负时，相当于加上相同大小的零误差）。读数结果为

$$L = 整数部分 + 小数部分 - 零误差$$

判断游标上哪条刻度线与尺身刻度线对齐，可用下述方法：选定相邻的三条线，如左侧的线在尺身对应线之右，右侧的线在尺身对应线之左，则中间那条线便可认为是对齐的线，如图 1-7 所示。

如果需要测量几次取平均值，不需要每次都减去零误差，只从最后结果中减去零误差即可。

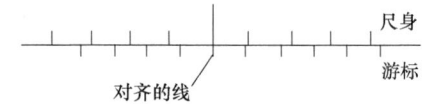

图 1-7　判断对齐线的方法

2. 注意事项

（1）测量前，用清洁的布反复擦拭尺身表面，擦净底座和测量爪的工作面，检查测量爪是否磨损。

（2）清洁平板工作面，将高度游标卡尺置于其上，松开紧定螺钉，移动尺框。

（3）移动尺框时，活动要自如，不应有过松或过紧现象，更不能有晃动现象。

（4）测量时用力要均匀，测力约3～5N，以保证测量的准确性。

（5）测量零件时，零件上不能有异物，并在常温下测量。

（6）使用时轻拿轻放，避免测量爪被碰撞到，更不可掉到地上。

3. 确定加工轮廓

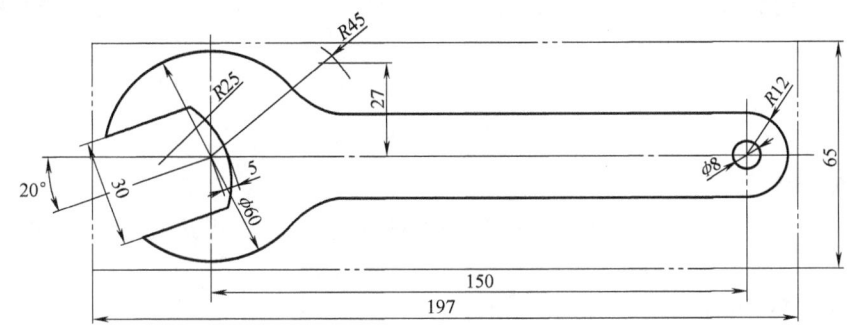

图1-8　尾座扳手加工轮廓

想一想

参考图1-8进行划线，并记录划线步骤。

答：_____

_____

_____

_____

二、锯削加工

1. 锯削工具

锯削的工具主要是手锯，它由锯弓和锯条等组成。

（1）锯弓　锯弓是用来夹持和张紧锯条的弓架，有整体式（图1-9a）和分体式（图1-9b）两种。

（2）锯条　目前，锯条按材料分有碳素钢锯条和高速工具钢锯条等，如图1-10所示。碳素钢锯条价格便宜、寿命短，使用普遍；高速工具钢锯条价格较高、耐用。

安装锯条时应注意锯齿的方向。手锯在向前推进时才能起到切削作用，所以应将锯齿的方向朝前，如图1-11所示。装好后的齿条应与弓架中心平面平行，不可扭曲。锯条的松紧可通过蝶形螺母来调节，不可过紧或过松：过紧时，锯条受力大，锯削时用力稍有不当，则易折断；过松时，锯条受力后易扭曲，也易折断，且锯出的锯缝会歪斜。

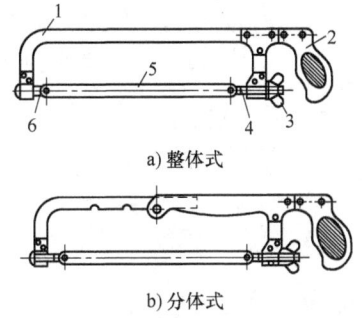

图1-9　锯弓

1—弓架　2—锯柄　3—蝶形螺母
4—拉杆　5—锯条　6—固定拉杆

a) 碳素钢锯条

b) 高速工具钢锯条

图 1-10　锯条

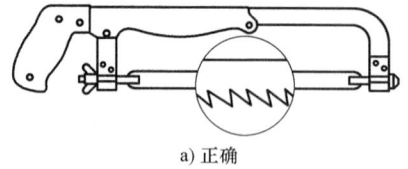
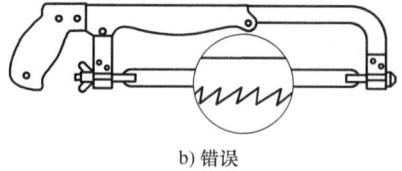

a) 正确　　　　　　　　　　　　　　b) 错误

图 1-11　锯条的安装

2. 锯削操作要领

（1）手锯的握法　手锯的握法为：右手满握锯柄，左手轻扶在锯弓前端，如图 1-12 所示。

（2）锯削姿势　锯削姿势如图 1-13 所示。

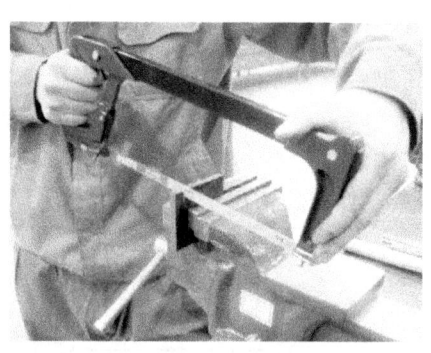
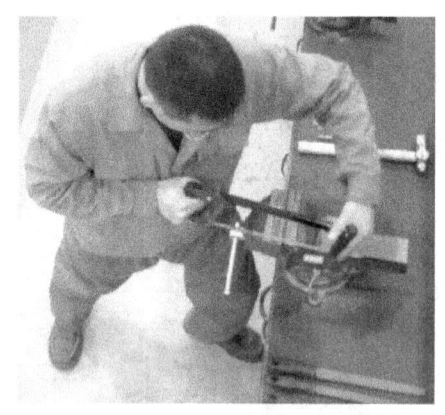

图 1-12　锯弓的握法　　　　　　　图 1-13　锯削姿势

3. 锯削注意事项

1）压力。推出时施加压力，返回时不加压力作自然拉回。

2）运动。锯削运动一般采用小幅度的上下摆动式运动。

3）速度。锯削运动的速度一般为 20～40 次/min。

想一想

1. 分别用近起锯、远起锯两种方式进行操作，比较两种起锯方法的异同。

体会：

2. 分析锯削时锯条折断的原因。
原因：

3. 分析锯削出来的锯路跑偏的原因。
原因：

三、锉削加工
1. 锉刀

（1）锉刀的构造　锉刀用碳素工具钢（T12A）制成，经热处理后，其切削部分硬度可达 62HRC 以上。锉刀由锉刀柄、铁箍、锉刀舌、锉刀面、锉刀头和锉刀边组成。通常锉刀的侧面一边有齿，另一边无齿。

（2）锉刀的齿纹　锉刀面上的齿纹有单齿纹和双齿纹两种。单齿纹锉刀，其锉刀面上只有一个方向的齿纹，用于锉削软金属，如铝、铜等；双齿纹锉刀，其锉刀面上有两个方向交叉的齿纹，适合锉削硬材料。

想一想

完成表 1-4。

表 1-4　锉刀的种类

序号	锉刀的类型	名称	锉刀的握法	锉刀的加工位置	备注
1		平锉	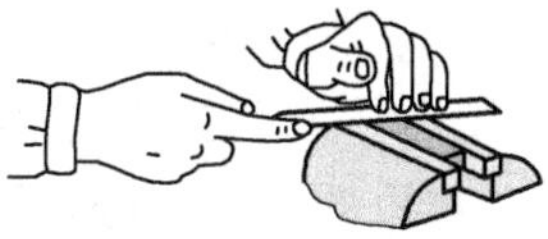	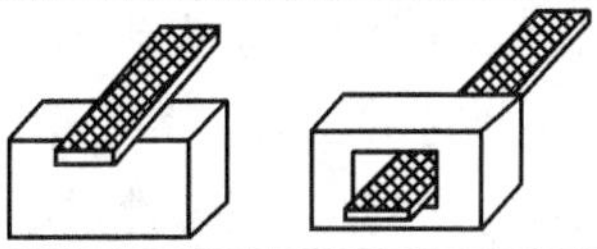	
2			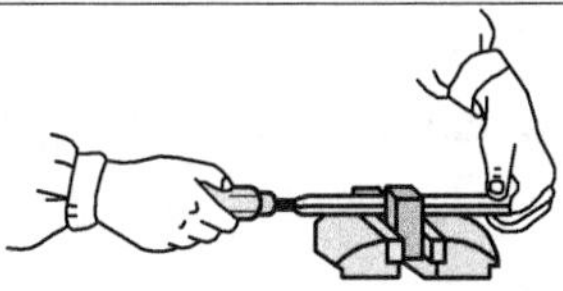		
3			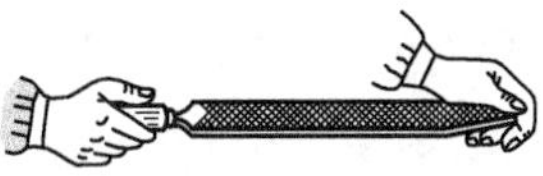	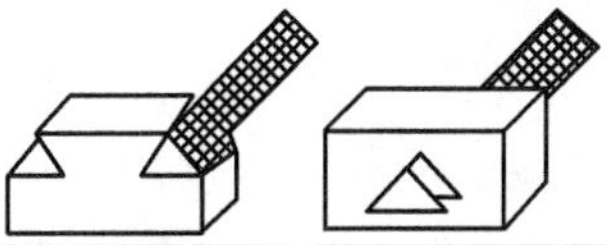	
4				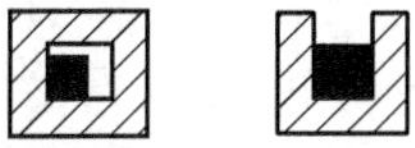	
5				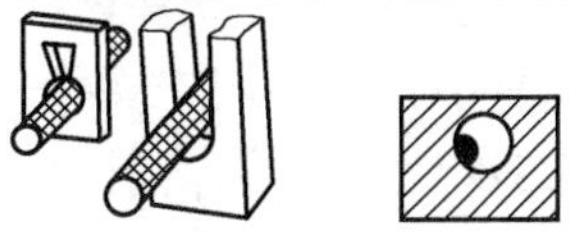	
6			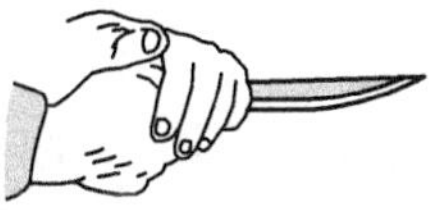	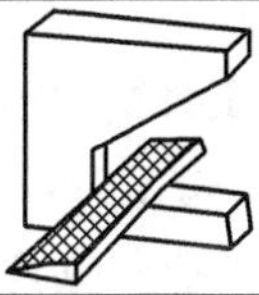	

2. 锉削姿势和方法

（1）锉削姿势 在台虎钳上锉削时，操作者应站在台虎钳正面中心线的左侧。锉削时，两肩自然放平，目视锉削位置的被锉削工件表面；右手小臂同锉刀呈一直线，且与锉刀面平行；左臂弯曲，左小臂与锉刀平面基本平行，如图 1-14 所示。

（2）锉削动作要领 锉削分向前推锉与回锉两个连续动作，锉削时应做到：身体稍向前倾，重心放在两腿之间，身体靠左膝屈伸作前后往复运动，两臂协调配合。在前后运动过程中，重心不要有明显的上下起伏，如图 1-15 所示。

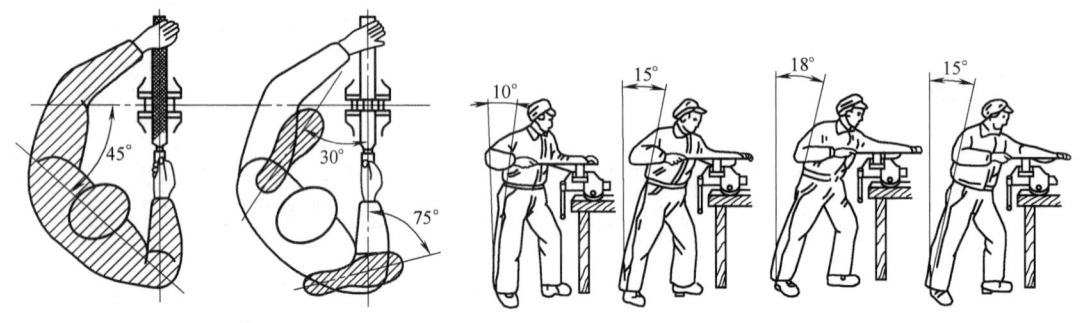

图 1-14 站立姿势　　　　　　　图 1-15 锉削姿势

1）预备动作。将锉刀放在工件上，做好锉削站立姿势。

2）向前推锉。身体与锉刀同步向前运动，左臂弯曲度逐渐增大；当锉刀推进约 3/4 行程时，身体后移，使左臂弯曲度减小，左臂逐渐伸开，两手则继续推锉。

3）回锉。当锉完最后 1/4 行程时，两手顺势将锉刀收回。当回锉将要结束时，身体再前倾，以准备第二次推锉动作。

4）锉削时的压力。为了锉出平整的平面，推锉过程中必须使锉刀始终保持水平位置而不上下摆动。因此，在推锉过程中，右手的压力应随锉刀的推进逐渐增加，左手的压力则随锉刀的推进而逐渐减小；回锉时，两手不加压力，以减少锉齿的磨损。

（3）锉削速度 锉削速度一般控制在 20～40 次/min，要求推锉时的速度稍慢，回锉时的速度可稍快些。锉软材料时，要及时用钢丝刷清除积屑。

（4）锉削方法

1）交叉锉。锉刀与工件成一定的角度（50°～60°），交叉变换锉削方向。其特点是锉刀与工件的接触面积大，仅用于粗锉，如图 1-16a 所示。

2）顺向锉。锉削时，锉刀始终沿一个方向锉削，如图 1-16b 所示。通常在平面已基本锉平后采用顺向锉法，其锉纹整齐一致，可起到锉光的作用。

3）推锉。推锉法是用两手横握锉刀，沿工件表面作推锉运动，如图 1-16c 所示。推锉法的切削量小，主要用于修整较小的工件表面，以获得较小的表面粗糙度值。

4）滚锉。锉刀在作沿凸圆弧面顺向滚锉动作的同时，还绕球面的中心和周向作摆动，如图 1-16d 所示。

3. 锉削时工件的装夹

锉削时工件要夹牢，但不能夹变形；已加工表面装夹时应加衬垫，以免夹伤工件表面。为了防止产生颤动和噪声，工件装夹时伸出钳口的长度应为 15～25mm。

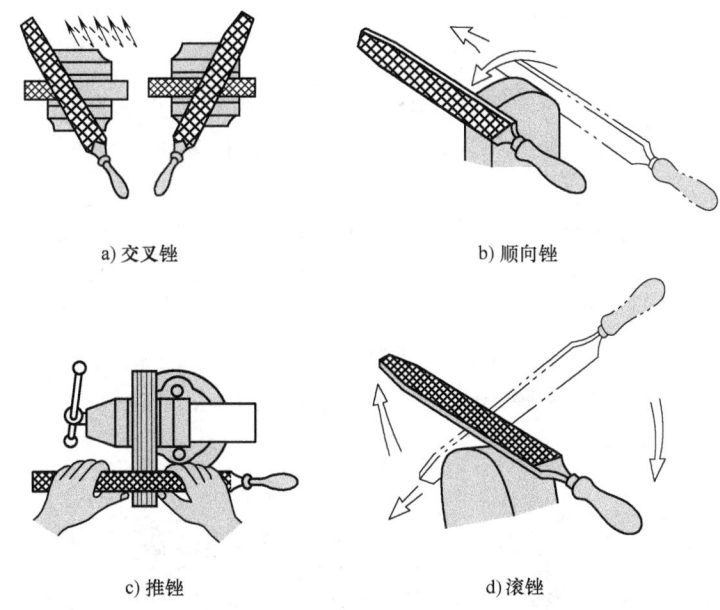

a) 交叉锉　　　　　　　b) 顺向锉

c) 推锉　　　　　　　　d) 滚锉

图 1-16　锉削方法

4. 锉削平面的检测

（1）尺寸的测量　锉削平面的尺寸通常可用游标卡尺或千分尺进行测量。

（2）平面度的检测　一般用刀口形直尺作透光检测，检测方法如图 1-17 所示。

（3）垂直度的检测　一般用直角尺检测锉削平面之间的垂直度，如图 1-18 所示。检测时应注意，直角尺的基面应与被测平面中的竖直平面贴牢。

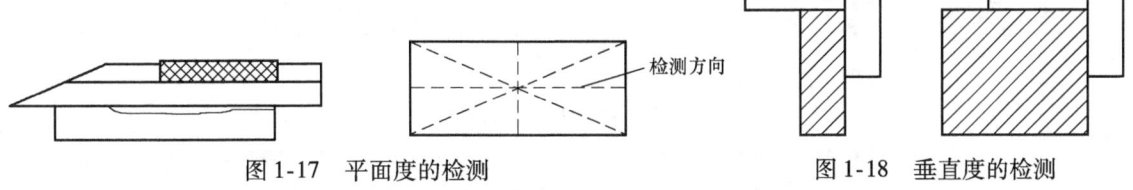

图 1-17　平面度的检测　　　　　　图 1-18　垂直度的检测

想一想

1. 分析锉削过程中出现加工表面不平整现象的原因。

答：

2. 检测工件并记录平面度误差，对超差原因提出解决的方法。

答：

四、钻削加工

1. 钻削设备

钻孔、扩孔、锪孔、铰孔和攻螺纹等操作是钳工常用的加工方法，一般在各种钻床上完成。常用的钻床有立式钻床、台式钻床、摇臂钻床及手电钻等。台式钻床如图 1-19 所示，其特点如下：

（1）放在台上使用的小型钻床，适用于小型工件的钻孔加工，钻孔直径≤ϕ12mm。

（2）主轴转速很高，用 V 带传动，由多级带轮变换转速。Z4012 型台式钻床的主轴转速为 480～4100r/min，分 5 级。

（3）主轴只能手动进给，且一般都具有控制钻孔深度的装置，如刻度盘、刻度尺和定程装置。钻孔后，主轴能在涡卷弹簧的作用下自动复位。

（4）结构简单，小巧灵活。

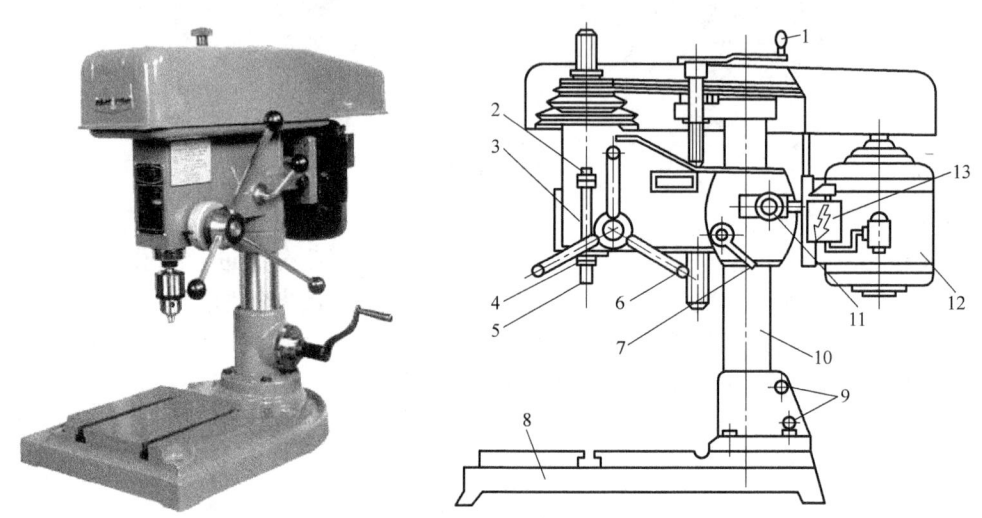

图 1-19　台式钻床
1—摇把　2—挡块　3—机头　4—螺母　5—主轴　6—进给手柄　7—锁紧手柄　8—底座
9—螺栓　10—立柱　11—螺钉　12—电动机　13—转换开关

2. 孔的形成

无论什么机器，从制造每个零件到最后装成机器为止，几乎都离不开孔。这些孔是通过铸、锻、车、镗、磨、钻、扩、铰、锪等加工而成的，其中属于钳工加工的有钻、扩、铰和锪。不同的加工方法得到的精度和表面粗糙度不同，合理地选择加工方法有利于降低成本，提高工作效率。

（1）钻孔（图 1-20a）　用钻头在实心工件上加工孔的过程称为钻孔。钻孔只能进行孔的粗加工，公差等级在 IT12 左右，表面粗糙度值为 Ra12.5μm 左右。

（2）扩孔（图 1-20b）　扩孔用于扩大已加工出的孔，常用作孔的半精加工。公差等级在 IT10 左右，表面粗糙度值约为 Ra6.3μm，加工余量为 0.5～4mm。

（3）铰孔（图 1-20c）　铰孔是用铰刀从工件壁上切除微量金属层，以提高其尺寸精度和表面质量。铰孔公差等级为 IT8～IT7，表面粗糙度值可达 Ra1.6～Ra0.8μm，余量可根据孔的大小从手册中查取。

（4）锪孔（图 1-20d）　锪孔是用锪钻对工件上的已有孔进行孔口型面的加工，其目的是保证孔端面与孔中心线的垂直度，以便使与孔连接的零件位置正确，连接可靠。

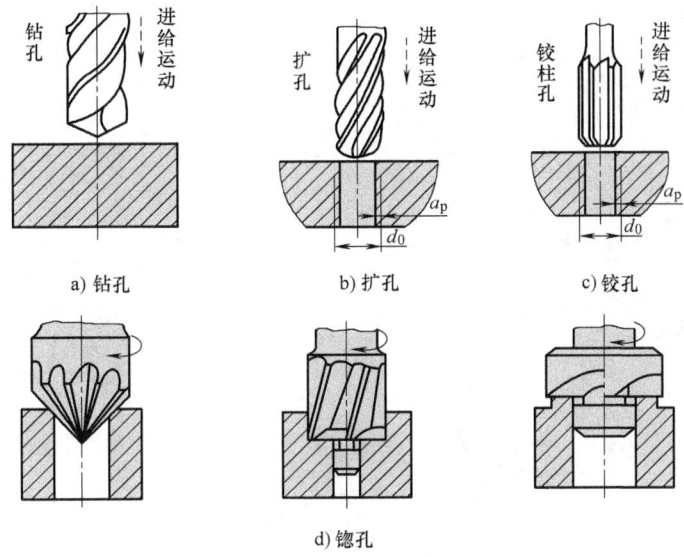

a) 钻孔　　b) 扩孔　　c) 铰孔

d) 锪孔

图 1-20　孔的加工方法

想一想

写出钻孔加工与扩孔加工的相同点与不同点。

答：

3. 钻孔加工步骤（见表 1-5）

表 1-5　钻孔加工步骤

序号	操作步骤	图　示	操作要点/注意事项	工时/min
1	穿戴劳保用品	劳保服	1）劳保服：保护身体不被划伤 2）劳保鞋：保护脚不被砸伤	5
2	检查设备，填写日点检表	点检设备	根据点检表中的检查内容对设备进行点检	10

(续)

序号	操作步骤	图示	操作要点/注意事项	工时/min
3	备料	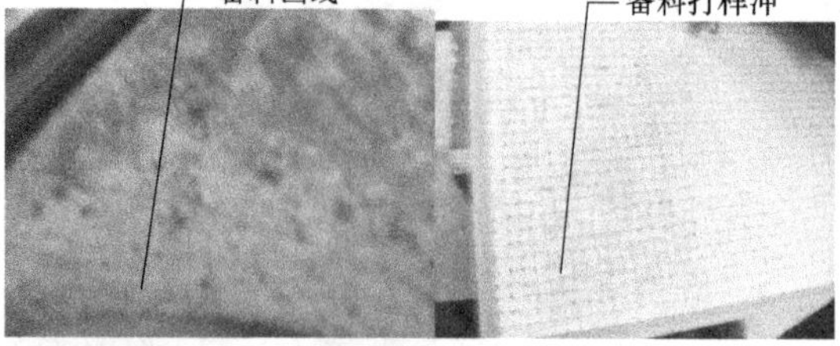 备料画线　备料打样冲	1）根据图样要求准备对应规格的材料 2）材料的外形应满足装夹要求 3）对工件钻孔位进行划线及打样冲眼	10
4	磨削钻头	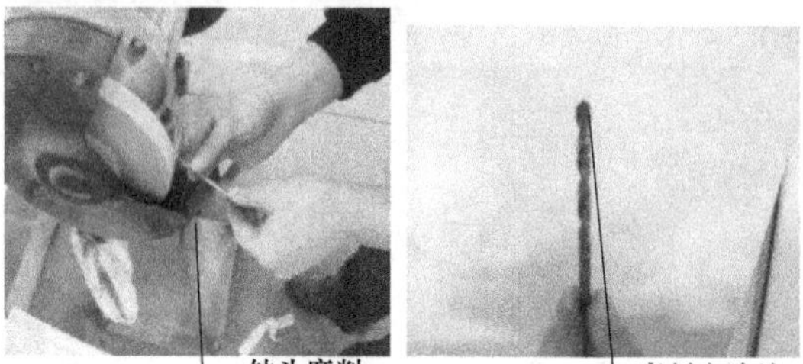 钻头磨削　磨削中途检查切削刃	1）根据图样技术要求选择合适的钻头 2）查看钻头切削刃是否磨损和是否对称 3）如钻头的切削刃不满足切削条件,应在砂轮机上进行刃磨 4）钻头刃磨后切削刃应满足钻削条件	5
5	装夹工件	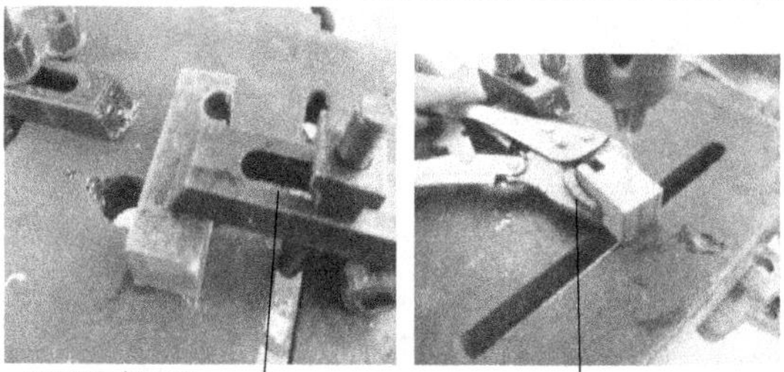 压板装夹工件　大力钳夹紧工件	1）根据图纸技术要求确定工件的加工工艺 2）根据工件加工工艺及外形尺寸等选择工件装夹方式,一般有压紧及夹紧两种方式 3）工件的装夹要遵守稳固、牢靠且不干涉加工的原则	10
6	调节钻床钻削行程	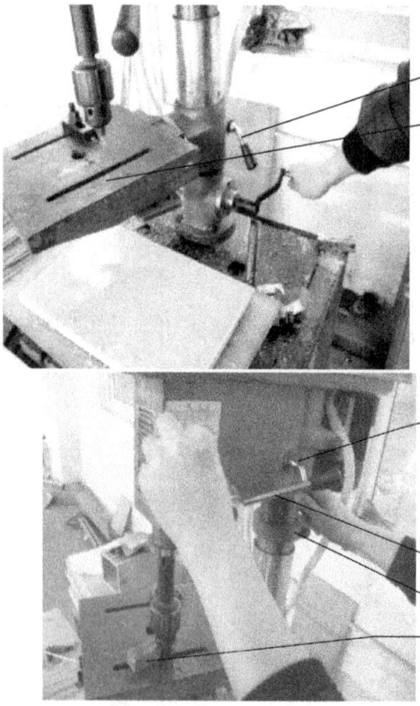 横梁夹紧手柄　钻床工作台　摇把手柄　进给手柄　支撑环　垫块	1）根据工件高度及钻削工艺,用摇把手柄转动工作台手柄,调节钻床工作台行程高度 2）选择合适的垫块放在钻床工作台上,转动钻床进给手柄,使钻夹头接触垫块,另外一只手旋松钻床横梁夹紧手柄。手上持续加力作用在钻床进给手柄上,使钻床横梁升高,实现钻床行程的调节 3）用摇把手柄旋松支承环紧定螺钉,将其移至钻床横梁下面后再紧固	5

（续）

序号	操作步骤	图示	操作要点/注意事项	工时/min
7	装夹钻头	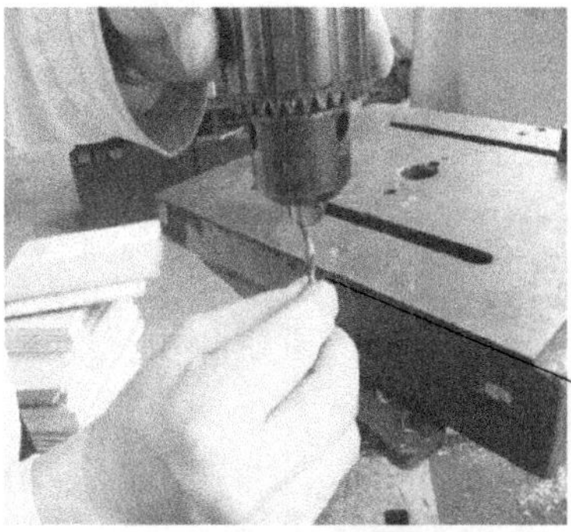  钻头放入钻夹头并用手预紧；用钻头夹紧手柄将钻头夹紧	1）将刃磨好的钻头放入钻夹头内（钻头的直径须在钻夹头装夹范围之内） 2）用钻头夹紧手柄将钻头紧固在钻夹头上，钻头的装夹要求无跳动，一般情况下悬出臂不得伸出太长，以保证紧固可靠	1
8	调节转速	 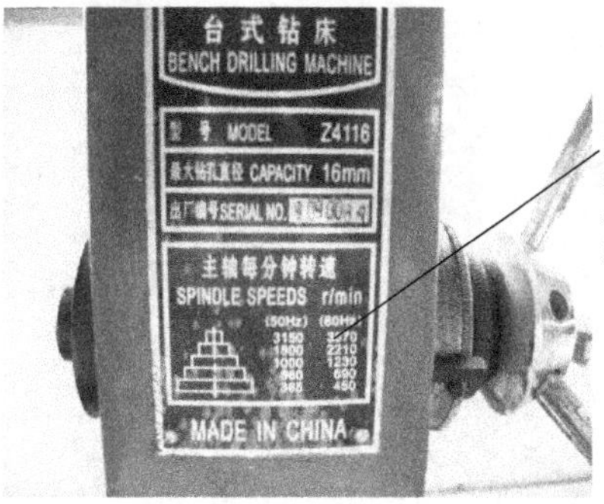 调节传动带在主轴传动轮上不同位置来获得不同转速；主轴转速参数表	1）根据图样技术要求，通过调节传动带在主轴传动带轮上的位置来获得合适转速 2）打开传动带盖板，手动调节传动带至合适转速位面	5

（续）

序号	操作步骤	图　　示	操作要点/注意事项	工时/min
9	调节工作台角度	钻床工作台紧定螺钉；工作台角度调节刻度；调节工作台角度	1）根据图样技术要求，旋松工作台紧定螺钉，调节工作台至合适角度 2）角度调节好后将工作台紧定螺钉旋紧	3
10	调节传动带	传动带过松；电动机紧定螺钉；调节电动机与主轴的间距	1）如果台式钻床主轴传动带出现过松的情况，可通过旋松电动机紧定螺钉，用撬杠或其他工具调节电动机与主轴的间距来实现传动带的张紧 2）传动带张紧后随即旋紧电动机紧定螺钉	5

(续)

序号	操作步骤	图示	操作要点/注意事项	工时/min
11	开启电源	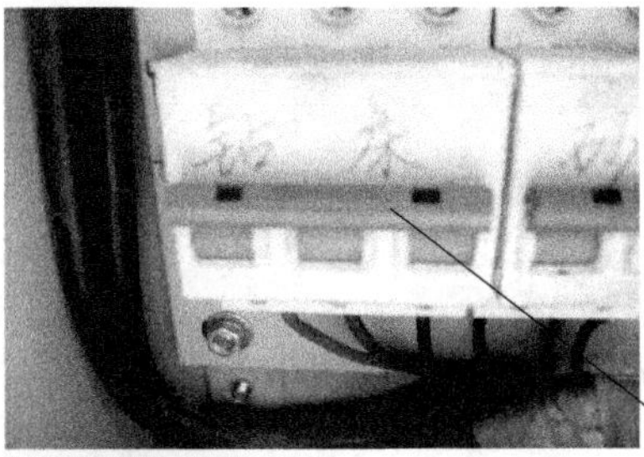  	1)将台式钻床对应的断路器开关向上扳 2)开启设备电动机电源	1
12	钻削	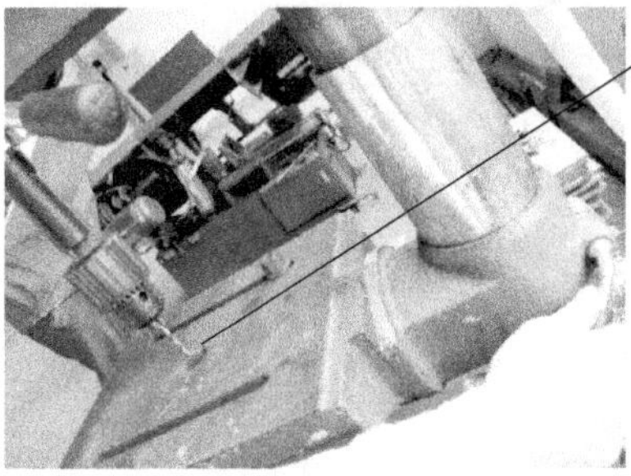 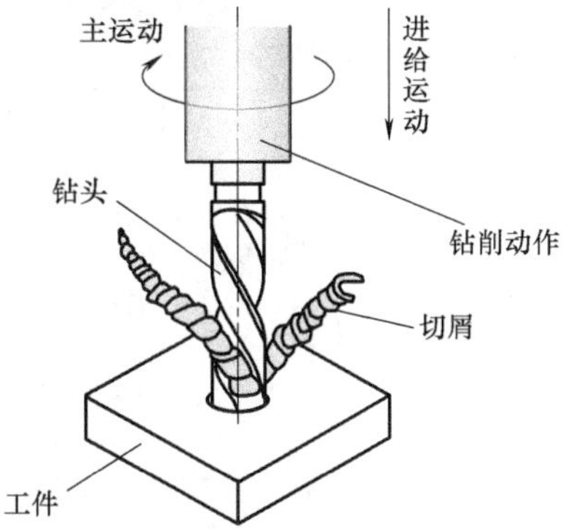	1)根据工件上的划线位置和样冲眼位置转动进给手柄,使钻头对准钻削位置进行钻削加工 2)钻削加工中为避免出现过烧现象,应对钻头及工件进行冷却。钻削 $\phi 14mm$ 以上的孔时,应先钻削中心孔(即小一点的孔) 3)为了避免钻削到工作台,需空出钻孔位置 4)钻削过程中若出现钻不动、钻头打滑等异常情况,须停机检查	根据图样技术要求决定

（续）

序号	操作步骤	图 示	操作要点/注意事项	工时/min
13	检测	测量检验 测量检验	根据测量结果，确定工件是否满足图样技术要求。如果不满足图样技术要求，应调节机床参数或检查钻头切削刃是否磨损等	2
14	钻削结束		1）关闭机床总开关和断路器开关，断开电源 2）卸下工件，清理现场	10
15	危险源	1. 手被铁屑划伤、绞伤 2. 脚被砸伤 3. 工件装夹不牢、操作不当等导致安全事故发生	1）工作过程中严禁戴手套 2）穿戴好劳保防护用品，加强安全意识，杜绝违章操作	

🔍 **想一想**

钻削过程中出现孔轴线偏差的原因是什么？如何解决？

答：

五、麻花钻的刃磨
1. 麻花钻的结构（见表1-6）

表1-6 麻花钻的结构

内容	图 例	说 明
麻花钻的组成	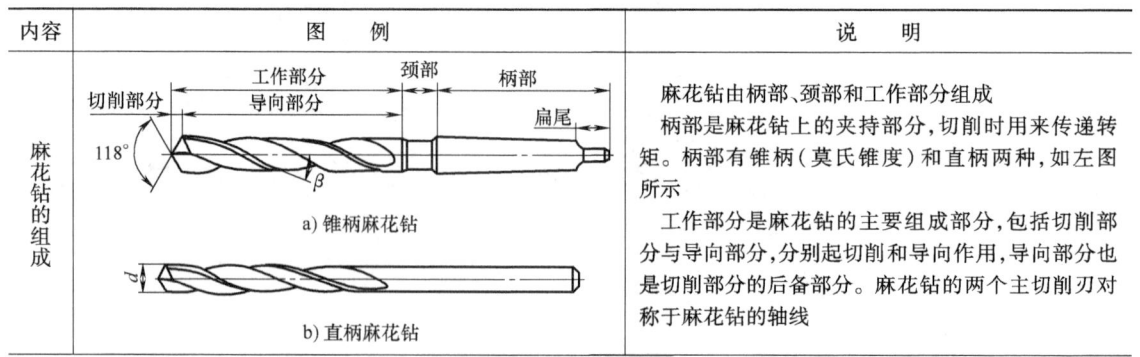 a）锥柄麻花钻 b）直柄麻花钻	麻花钻由柄部、颈部和工作部分组成 柄部是麻花钻上的夹持部分，切削时用来传递转矩。柄部有锥柄（莫氏锥度）和直柄两种，如左图所示 工作部分是麻花钻的主要组成部分，包括切削部分与导向部分，分别起切削和导向作用，导向部分也是切削部分的后备部分。麻花钻的两个主切削刃对称于麻花钻的轴线

(续)

内容	图例	说明
麻花钻切削部分的名称	1—前刀面　2、5—主切削刃　3、6—主后刀面　4—横刃 7—副切削刃　8—副后刀面　9—棱边	麻花钻工作部分的结构如左图所示。它有两条对称的主切削刃、两条副切削刃和一条横刃 用麻花钻钻孔时，相当于用两把正反向的车孔刀同时切削，所以其几何角度的概念与车刀基本相同，但又具有特殊性
麻花钻的主要角度	a) 麻花钻的角度　b) 麻花钻的后角 c) 外缘处的前角和后角　d) 钻心处的前角和后角	(1) 顶角 $2\kappa_r$　一般麻花钻的顶角为 $2\kappa_r = 100° \sim 140°$，标准麻花钻的顶角为 $2\kappa_r = 118°$ (2) 前角 γ_o　前角的大小影响切屑的形状和主切削刃的强度，决定切削的难易程度。麻花钻主切削刃各点处的前角大小不同，钻头外缘处的前角最大，约为 30°，越近中心前角越小，靠近横刃处的前角约为 $-30°$ (3) 后角 α_o　为了测量方便，后角在圆柱面内测量 (4) 横刃斜角 ψ　横刃斜角的大小由后角决定，后角增大时，横刃斜角减小，横刃变长；后角减小时，情况相反。横刃斜角一般为 55° (5) 棱边　在麻花钻的导向部分特地制出了两条略带倒锥形的刃带，即棱边。它减少了钻削时麻花钻与孔壁之间的摩擦

2. 麻花钻的刃磨

（1）麻花钻的刃磨方法及角度检查　刃磨麻花钻是钳工必须熟练掌握的一项基本技能，麻花钻的刃磨方法及角度检查见表 1-7。

表 1-7　麻花钻的刃磨方法及角度检查

内容	图例	说明
麻花钻的刃磨方法	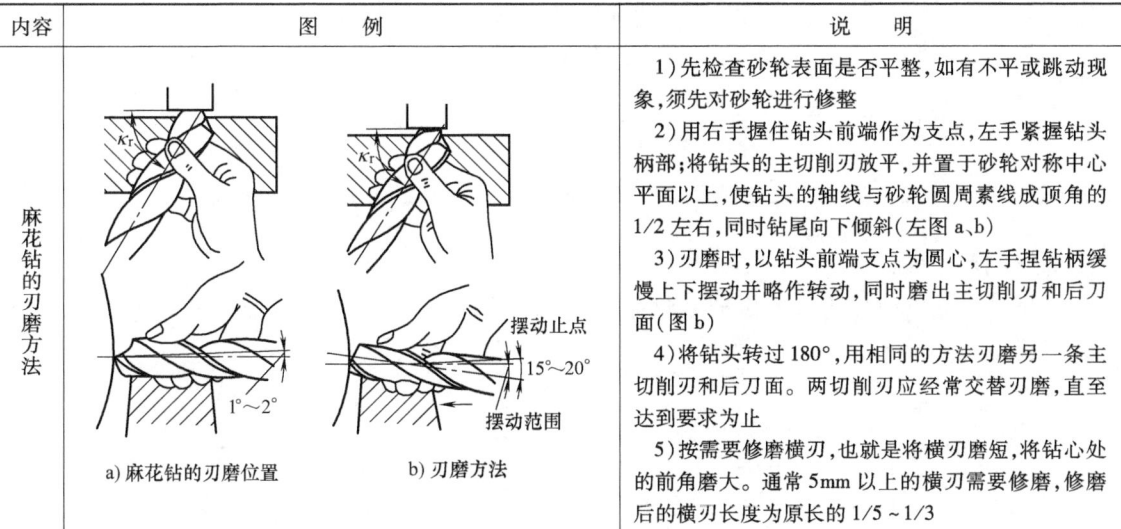 a) 麻花钻的刃磨位置　b) 刃磨方法	1) 先检查砂轮表面是否平整，如有不平或跳动现象，须先对砂轮进行修整 2) 用右手握住钻头前端作为支点，左手紧握钻头柄部；将钻头的主切削刃放平，并置于砂轮对称中心平面以上，使钻头的轴线与砂轮圆周素线成顶角的 1/2 左右，同时钻尾向下倾斜（左图 a、b） 3) 刃磨时，以钻头前端支点为圆心，左手捏钻柄缓慢上下摆动并略作转动，同时磨出主切削刃和后刀面（图 b） 4) 将钻头转过 180°，用相同的方法刃磨另一条主切削刃和后刀面。两切削刃应经常交替刃磨，直至达到要求为止 5) 按需要修磨横刃，也就是将横刃磨短，将钻心处的前角磨大。通常 5mm 以上的横刃需要修磨，修磨后的横刃长度为原长的 1/5~1/3

(续)

内容	图例	说明
麻花钻的角度检查 目测法	a) 正确 b) 错误	麻花钻刃磨好后,通常采用目测法检查。其方法是将钻头垂直竖立在与眼等高的位置,在明亮的背景下,用肉眼观察两刃的长短、高低及后角等。由于视差的原因,往往会感到左刃高、右刃低,此时应将钻头转过180°再观察,经反复观察对比,直至觉得两刃基本对称时方可使用。使用时如发现仍有偏差,应再次修磨
角度尺检查法	121°	将角度尺的一边贴靠在麻花钻的棱边上,另一边搁在麻花钻的刃口上,测量其刃长和角度,然后将麻花钻转过180°,用同样的方法检查另一主切削刃

（2）麻花钻刃磨技能训练及注意事项（见表1-8）。

表1-8 麻花钻刃磨技能训练及注意事项

内容	图例	说明
麻花钻刃磨技能训练	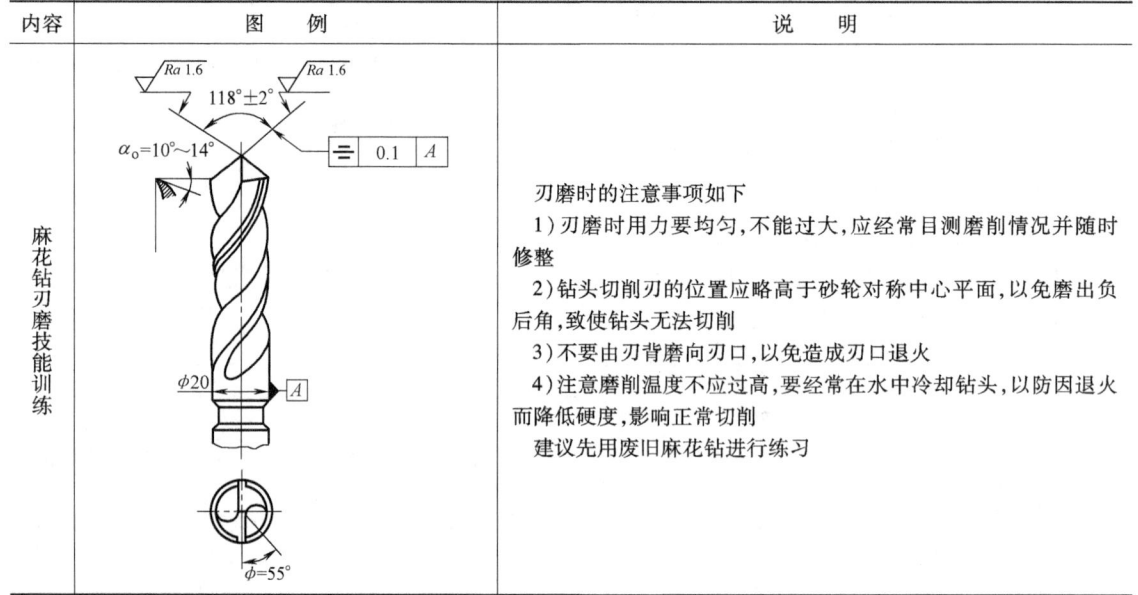	刃磨时的注意事项如下 1）刃磨时用力要均匀,不能过大,应经常目测磨削情况并随时修整 2）钻头切削刃的位置应略高于砂轮对称中心平面,以免磨出负后角,致使钻头无法切削 3）不要由刃背磨向刃口,以免造成刃口退火 4）注意磨削温度不应过高,要经常在水中冷却钻头,以防因退火而降低硬度,影响正常切削 建议先用废旧麻花钻进行练习

想一想

根据自己完成的钻头磨削情况分析存在问题的原因。

答：

活动四　检测及误差分析

1. 能使用游标万能角度尺测量零件角度。
2. 能检测零件的尺寸精度。
3. 能分析误差产生的原因。

机加工车间。

学习过程

掌握以下资讯与决策，才能顺利完成任务

一、游标万能角度尺的使用

（1）刻线原理　游标万能角度尺是用来测量精密零件内、外角度或进行角度划线的角度量具。如图1-21所示，其读数机构是由刻有基本角度刻线的主尺1和固定在扇形板6上的游标尺3组成的。扇形板可在尺座上回转移动（有锁紧装置5），形成了和游标卡尺相似的游标读数机构。游标万能角度尺主尺上的刻度线每格为1°，由于游标上刻有30格，所占的总角度为29°，因此两者每格刻线的度数差是

$$1° - \frac{29°}{30} = \frac{1°}{30} = 2'$$

即游标万能角度尺的分度值为2′。

（2）读数方法　游标万能角度尺的读数方法和游标卡尺相同，先读出游标尺零线前的角度是几度，再从游标尺上读出角度中"分"的数值，两者相加就是被测零件的角度数值。

（3）测量范围　在游标万能角度尺上，基尺4固定在主尺上，直角尺2用卡块7固定在扇形板6上，直尺8则通过卡块固定在直角尺上。若把直角尺拆下，也可把直尺固定在扇形板上。由于直角尺和直尺可以移动和拆换，使游标万能角度尺可以测量0°~320°范围内的任何角度，如图1-22所示。

1）直角尺和直尺全装上时，可测量0°~50°的外角度，如图1-22a所示。
2）仅装上直尺时，可测量50°~140°的角度，如图1-22b所示。
3）仅装上直角尺时，可测量140°~230°的角度，如图1-22c所示。
4）把直角尺和直尺全拆下时，可测量230°~320°的角度（即可测量40°~130°的内角度），如图1-22d所示。

游标万能角度尺主尺上基本角度的刻线只有0°~90°，如果测量的零件角度大于90°，

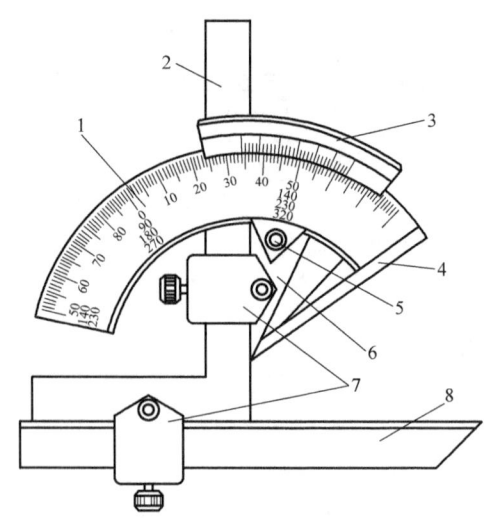

图 1-21　游标万能角度尺

1—主尺　2—直角尺　3—游标尺　4—基尺　5—锁紧装置　6—扇形板　7—卡块　8—直尺

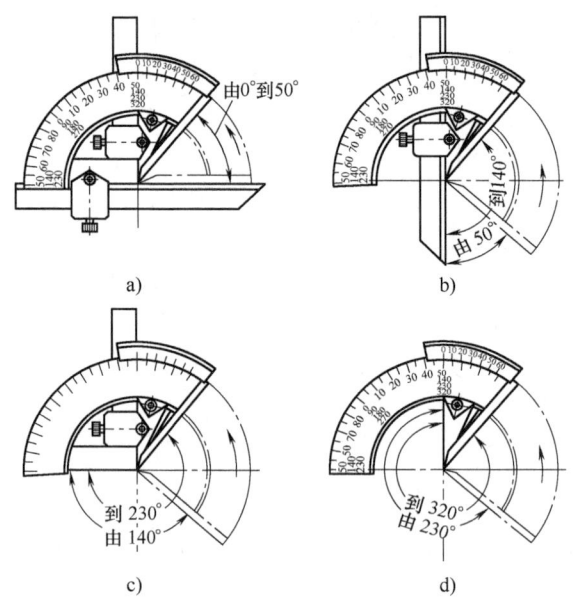

图 1-22　游标万能角度尺的测量范围

读数时应加上一个基数：

1）当零件角度为 90°~180°（不含 90°）时，被测角度 = 90° + 读数。

2）当零件角度为 180°~270°（不含 180°）时，被测角度 = 180° + 读数。

3）当零件角度为 270°~320°（不含 270°）时，被测角度 = 270° + 读数。

用游标万能角度尺测量零件角度时，应使基尺与零件角度的素线方向一致，且零件应与角度尺的两个测量面在全长上接触良好，以免产生测量误差。

二、零件的检测

检测车床尾座扳手，其精度要求见表 1-9。

表 1-9 车床尾座扳手加工评分表

姓名			加工用时			总得分		
名称	车床尾座扳手		考核日期					
序号	检测内容			配分	评分标准	检测结果	得分	备注
1	圆弧	ϕ60mm	IT12	10	每超差 0.01mm 扣 3 分			
2			Ra6.3μm	5	每降一级扣 2 分			
3		R25mm	IT12	10	每超差 0.02mm 扣 3 分			
4			Ra6.3μm	5	每降一级扣 2 分			
5		R15mm	IT12	10	每超差 0.02mm 扣 3 分			
6			Ra6.3μm	5	每降一级扣 2 分			
7		R12mm	IT12	10	每超差 0.02mm 扣 3 分			
8			Ra6.3μm	5	每降一级扣 2 分			
9		ϕ8mm	IT12	10	每超差 0.02mm 扣 3 分			
			Ra6.3μm	5	每降一级扣 2 分			
10	长度	30mm	IT12	10	每超差 0.01mm 扣 2 分			
11	倒角			5	酌情扣分			
12	文明生产	按有关规定每违反一项从总分中扣 3 分,发生重大事故者取消考试资格				扣分不超过 10 分		
13	其他项目	1)按照安全文明生产规范穿戴劳保用品 2)工件必须完整,考件局部无缺陷(夹伤等)				扣分不超过 10 分		
14	工艺编制	加工过程中有严重违反工艺的停止加工,小问题视情况酌情扣分				扣分不超过 25 分		
15	加工时间	90min 后尚未开始加工者终止考试;150min 后,每超过 1min 扣 1 分;180min 时停止加工				配 10 分		
组别			组长		质检人		评分人	

三、误差产生原因分析

填写误差分析表(见表 1-10)。

表 1-10 误差分析表

序号	加工过程中的问题	检查情况	原 因 分 析	备注(处理方案)
1	划线精度达不到要求	□是 □否	□校正游标高度尺时产生的人为误差 □量具握法不正确 □读数有误 □其他	
2	表面粗糙度达不到要求	□是 □否	□没有区分粗、精加工 □锉削姿势不正确 □其他	
3	锯片断	□是 □否	□锯削姿势不正确 □起锯角度不合理 □锯削速度过快 □其他	

（续）

序号	加工过程中的问题	检查情况	原因分析	备注（处理方案）
4	钻孔轴线偏差	□是 □否	□工件装夹不正确 □钻头伸出过长，刚性差 □出现偏差时没有及时纠正 □其他	
5	圆弧的弧度达不到要求	□是 □否	□圆弧锉刀使用不正确 □圆弧样板使用不正确 □刀口形直尺的使用方法不正确 □其他	
6	长度尺寸超差	□是 □否	□测量时有误差 □加工面的平面度超差 □加工面的垂直度超差 □加工面的直线度超差 □加工面的平行度超差 □选错基面 □其他	

活动五　设备维护保养

1. 能进行钻床的日常维护和保养。
2. 能按照车间现场管理规定整理现场。

机加工车间。

掌握以下资讯与决策，才能顺利完成任务

一、钻床的维护和保养

1. 钻床日保养范围

（1）床身和部件及工具、夹具、量具的清洁工作。

（2）清扫铁屑及周边环境卫生。

（3）检查各油面，不得低于油标以下，加注各部位润滑油。

2. 钻床周保养范围

（1）清洁

1）拆卸并清洗各部油毛毡垫，清除积屑。
2）擦拭机床及各活动面。
（2）润滑
1）各导轨活动面、各油孔加注润滑油。
2）检查并添加变速箱润滑油至规定面。
（3）拧紧　拧紧各部松动螺钉。
（4）调整　检查和调整带、各活动面压板松紧适宜。
（5）缓蚀
1）除去各部锈蚀，保护喷漆面，勿碰撞。
2）对停用、备用设备导轨面、活动面、丝杠、手轮及其他暴露在外易生锈的部位涂油缓蚀。

二、安全文明生产

根据生产过程填写监控表（见表1-11）。

表1-11　安全文明生产过程监控

序号	过程	项目		要求	执行情况	
1	1S(整理)	钻夹匙的使用和摆放		用完应随手取下,并摆放在指定位置	□合理	□有待改进
2		平口钳扳手的使用和摆放		用完应随手取下,并摆放在指定位置	□合理	□有待改进
3		钻头的使用和摆放		用完应随手取下,并摆放在指定位置	□合理	□有待改进
4		毛刷等清洁用品的摆放		用完在指定位置摆放整齐	□合理	□有待改进
5		量具的摆放		用完在指定位置摆放整齐	□合理	□有待改进
6		零件的摆放		用完在指定位置摆放整齐	□合理	□有待改进
7		毛坯的摆放		用完在指定位置摆放整齐	□合理	□有待改进
8	2S(整顿)	工作场地的整理		随时保持整洁	□整洁	□有待改进
9		工具架的摆放和整理		在指定位置摆放整齐,保持整洁	□合理	□有待改进
10		工具车的摆放和整理		用完应在指定位置摆放整齐并上锁	□合理	□有待改进
11	3S(清扫)	每天轮流值日		保持车间整洁,及时清理垃圾	□整洁	□有待改进
12		钻床周边卫生		保持车间整洁,及时清理	□整洁	□有待改进
13		钻床卫生	外表	保持机床整洁,及时清理	□整洁	□有待改进
			工作台面	保持机床整洁,及时清理	□整洁	□有待改进
			支承工作台面	保持机床整洁,及时清理	□整洁	□有待改进
			传动系统	保持机床整洁,及时清理	□整洁	□有待改进
			冷却系统	保持机床整洁,及时清理	□整洁	□有待改进
			润滑系统	保持机床整洁,及时清理	□整洁	□有待改进
14		切屑的清理		统一收集,每天清理	□有	□有待改进
15		下班前刀架返回机械零点		刀架应停放在尾座附近	□有	□有待改进
16	4S(清洁)	每周进行一次大扫除		注意清理卫生死角	□整洁	□有待改进
17		切屑、废品的处理		统一收集,定期清理	□整洁	□有待改进

(续)

序号	过程	项 目	要 求	执 行 情 况	
18	5S(素养)	穿戴劳保用品	劳保用品穿戴整齐,扣好钮扣	☐有	☐有待改进
19		开机前的检查	检查有无损坏或异常,有问题及时汇报	☐有	☐有待改进
20		装夹完成进行检查	保证刀具、工件的定位可靠	☐有	☐有待改进
21		润滑	做好润滑工作,保证机床正常运行	☐有	☐有待改进
22	6S(安全)	安全通道	保持通道顺畅	☐符合要求	☐有待改进
23		清除安全隐患(预见能力)	及时清除安全隐患,杜绝伤害发生	☐符合要求	☐有待改进
24		安全文明操作	及时清除安全隐患,杜绝伤害发生	☐符合要求	☐有待改进
总体表现	☐好 ☐有待改进 有待改进方面说明:			安全员:(签名)	

活动六　工作总结与评价

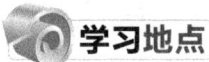

1. 能对学习任务进行合理的总结和归纳。
2. 能对学习过程提出合理的建议。
3. 能客观、公正地进行评价。

学习地点

机加工车间。

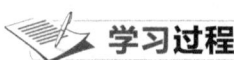

掌握以下资讯与决策,才能顺利完成任务

一、总结

通过本次的工作过程,你学到了什么？对出现的问题提出合理的建议。

二、工作效果评价

1. 计划能力评价（见表 1-12）

表 1-12　计划能力评价

标准/指标	优	良	中	差
界定问题的范围				
明确任务目标				
检查现有状况、系统和故障来源				
对解决问题的办法进行可行性评估				
编制计划能力				
实施工作计划能力				
根据需要灵活调整计划的能力				

2. 独立获取信息能力评价（见表 1-13）

表 1-13　独立获取信息能力评价

评价	全面	完整	齐全	不全
随时准备获取信息	□	□	□	□
利用专业书籍（工具书）	□	□	□	□
运用数据表格	□	□	□	□
利用非印刷媒体	□	□	□	□
利用图书馆	□	□	□	□

3. 协作能力评价（见表 1-14）

表 1-14　协作能力评价

标准/指标	优	良	中	差
考虑到问题的难度				
能听取他人的意见和建议				
可信、可靠				
具有责任心				
具有团队协作意识				

4. 课业评价（见表 1-15）

表 1-15　课业评价

项目	自我评价			小组评价			教师评价		
	10~8	7~6	5~1	10~8	7~6	5~1	10~8	7~6	5~1
参与情况									
工作态度									
安全操作规程遵守情况									
规程和制度执行情况									

(续)

项 目	自我评价			小组评价			教师评价		
	10~8	7~6	5~1	10~8	7~6	5~1	10~8	7~6	5~1
叙述和解读任务情况									
服从工作安排情况									
完成加工任务情况									
零件自检情况									
清理工作现场情况									
展示汇报情况									
总 评									

5. 项目评价表（见表1-16）

表1-16 项目评价

序号	标准/指标		自我评价	教师评价
1	专业能力	图样绘制		
2		特征描述		
3		基准选择		
4		工序划分		目标是否达到
5		工艺制订		
6		装夹定位		
7		刀具选择		
8	方法能力	编制计划能力		□是
9		实施工作计划能力		□否
10		独立获取信息能力		
11	社会能力	交流能力		
12		协作能力		
13		对技术构成的理解力		

评价：

组长签名：

指导教师签名：

工作任务二

制作安全锤

任务情境

某汽车维修设备有限公司的市场部门在实际工作过程中，发现有部分维修的客车存在车用安全锤丢失现象，于是要求生产部门对车用安全锤进行补充，避免出现安全隐患。生产部门要求工程部提供图样（图2-1），并安排小陈试制60件，要求在10天之内完成任务。

小陈接到加工任务后，制订了加工方案，经部门主管审核后，选用必要的设备、工具和量具，对车用安全锤进行加工。加工完成后，小陈依照图样和技术要求检测零件，按规范放置零件后送检和签字确认，并填写相关表格（如设备运行记录等）。

1. 6S 运动的内容。
2. 卧式车床的结构及工作原理。
3. 切削速度的计算。
4. 卧式车床的操作。
5. 车刀的刃磨方法。
6. 工件的装夹与夹具的选择。
7. 车刀的安装方法。
8. 滚花方法。
9. 攻螺纹与套螺纹的方法。
10. 安全锤加工工艺的制订。
11. 外径千分尺的使用。
12. 卧式车床日常维护与保养内容。

活动一　接受加工任务

1. 能收集相关信息对图样进行分析。
2. 能表述图样的加工要求。
3. 能查阅所需资料（包括工作页、参考书、互联网等），了解卧式车床的操作规程，在教师指导下与他人协作编写任务方案。

 **学习地点**

机加工车间。

 **学习过程**

掌握以下资讯与决策，才能顺利完成任务

一、派发任务

根据生产需要填写派工单（见表2-1）

表2-1 派工单

日期： 年 月 日

开单部门		数量		派单人	
接单部门		完成工时	60	接单人	
任务栏	零部件名称	要求完成日期	实际完成日期	审核结果	审核日期	审核人
备注	按照图样要求完成任务，并做好日常维护保养工作					

以下由接单人和确认方填写	
领取材料	仓库管理员（签名） 年　月　日
领取工具	（实训室管理员签名） 年　月　日
完成质量	班组长（签名） 年　月　日
用户意见	用户（签名） 年　月　日

二、分析图样

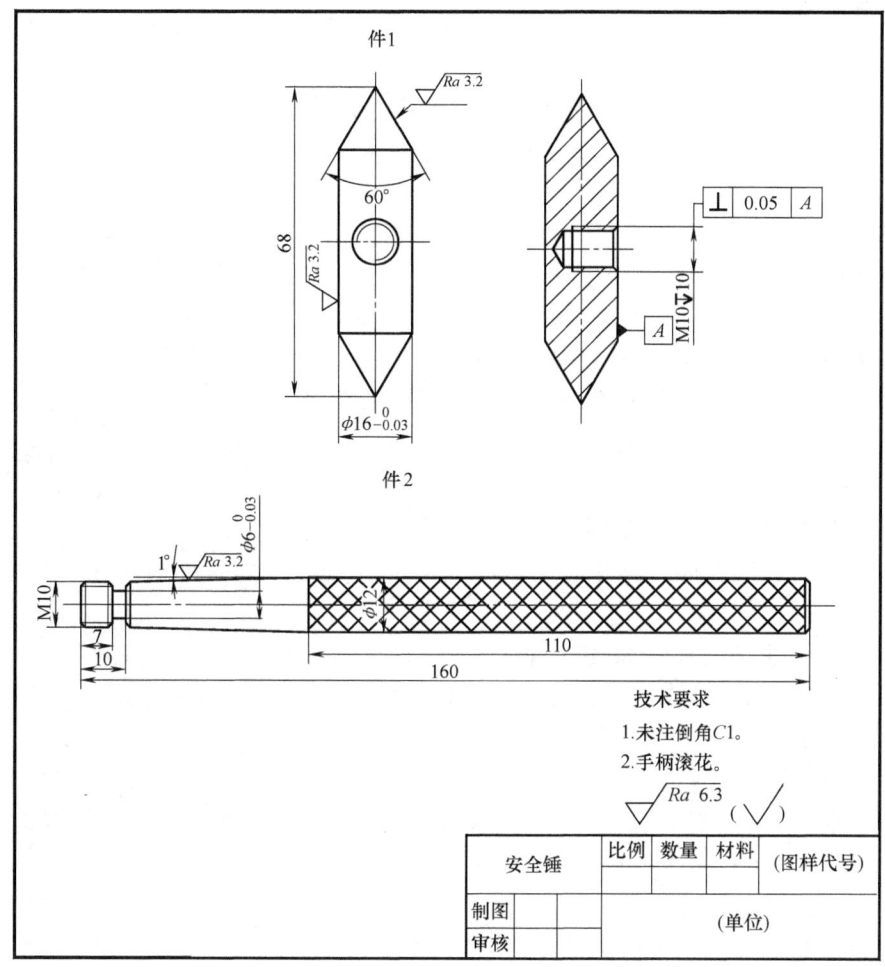

图 2-1　安全锤

活动二　制订加工方案

学习目标

1. 能表述 6S 运动的内容。
2. 能表述卧式车床的工作原理。
3. 能表述卧式车床的安全操作规程。
4. 能分析产品工艺和正确选择刀具。
5. 能制订合理的工作计划。
6. 能正确制订零件的加工工艺。

学习地点

机加工车间。

学习过程

掌握以下知识和方法，才能顺利完成任务

一、6S 运动
工作站 6S 运动的内容如图 2-2 所示。

1. 1S——整理

将必需物品与非必需物品区分开并摆放整齐，机床上只保留必需物品并定置摆放，以确保任何人都能立即取得。缩短了寻找物品的时间，自然提高了生产率。

2. 2S——整顿

保持工作场地的整洁，按规定拿放材料。每个工位按规定将工具架、工具车等摆放整齐。

3. 3S——清扫

保持岗位干净整洁，将设备维护保养好，创造良好的环境。（以组为单位每天轮流值日，要求上课期间负责保持当天的公共卫生）

4. 4S——清洁

将整理、整顿和清扫进行到底，并实现标准化和制度化。（规定每周每班进行一次大扫除）

5. 5S——素养

对于规定了的事情要按要求执行，并养成习惯，以实现在本质上提高素质。

6. 6S——安全

严格遵守安全文明操作规程，力争杜绝伤害发生。

图 2-2 6S 运动

想一想

1. 对以下内容编号进行归类，并填入相应的 6S 运动项目中。

1) 工作前，必须按照安全操作要求正确穿戴好劳动保护用品。

2) 不得在开动的机床旁换衣服，以防被机器绞伤。

3) 戴好安全帽，辫子应放入帽内，不得穿裙子、拖鞋。

4) 戴好防护镜，以防铁屑飞溅伤眼。

5) 仔细检查机床各部件和防护装置是否完好，确保安全可靠，加油润滑机床，并作低速空载运行 2~3min，检查机床运转是否正常。

6) 认真检查润滑系统的工作是否正常（润滑油和切削液是否充足），如机床长时间未开动，应先采用手动方式向各部分供油润滑。

7) 运转时，严禁戴手套操作，严禁用手触摸机床的旋转部分，严禁在车床运转中隔着车床传送物件。装卸工件、安装刀具、加油及打扫切屑时，均应停车进行。清除铁屑应用刷子或钩子，禁止用手清理。

8）运转时不准测量工件，不准用手制动转动的卡盘；使用砂纸时，应放在锉刀上，严禁戴手套操作，磨破的砂纸不准使用；不准使用无柄锉刀，不得用正反车电闸作制动，应有中间制动过程。

9）按机床技术要求选择工件切削用量，以免机床过载造成意外事故。

10）切削过程中，停车时应将刀退出。切削长轴类零件须使用中心架，以防工件弯曲变形伤人；伸入床头的棒料长度不得超过床头立轴之外，并应慢车加工，伸出时应注意防护。

11）高速切削时应有防护罩，工件、工具的固定要牢固，当铁屑飞溅严重时，应在机床周围安装挡板使之与操作区隔离。

12）机床运转时，操作者不能离开机床；发现机床运转不正常时，应立即停车，请维修工检查修理。突然停电时，应立即关闭机床，并将刀具退出工作部位。

13）工作时必须侧身站在操作位置，禁止身体正面对着转动的工件。

14）车床运转不正常、有异声或异常现象，以及轴承温度过高时，应立即停车，并报告指导教师。

15）清除切屑，擦拭机床，使机床与环境保持清洁状态。

16）注意检查或更换磨损了的机床导轨油擦板。

17）检查润滑油、切削液的状态，及时添加或更换。

18）工作完毕后，依次关掉机床电源和总电源。

19）打扫现场卫生，填写设备使用记录。

1S——整理：_____

2S——整顿：_____

3S——清扫：_____

4S——清洁：_____

5S——素养：_____

6S——安全：_____

2. 判断下面的说法是否正确。

1）车床应按润滑图表规定加油，检查油标、油量、油质及油路是否畅通。（   ）

2）应当妥善保管机床附件，保持机床整洁、完好。（   ）

3）为了夹紧工件，可采用用锤子敲打台虎钳丝杆手柄或加长手柄的方法。（   ）

4）不得用过重、过大的锤子敲击台虎钳上的工件。（   ）

5）可以两人或多人同时使用同一砂轮，也可在砂轮的侧面进行磨削。（   ）

6）在车床上操作时要戴手套，衫袖要扎紧，头发过长的要扎起来并戴帽子。（   ）

7）砂轮的防护装置必须完整。（   ）

8）砂轮机开动前，要认真检查砂轮机与防护罩之间有无杂物，确认安全后再开机。

（　　）

9）对于有裂纹或破损的砂轮或砂轮轴与砂轮孔配合不好的砂轮，可以酌情使用。

（　　）

3. 你了解图 2-3 中各图标的意义吗？用连线的方式说明它们的意义。

必须戴防护眼镜　　　　必须戴防护帽　　　　禁止戴手套　　　　当心伤手

图 2-3　安全标识连线

二、卧式车床的结构及工作原理

1. 卧式车床的型号

写出 CA6132 车床型号中各代号的意义。

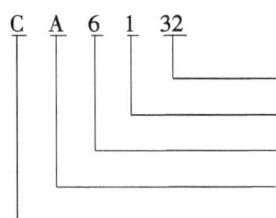

2. 卧式车床的结构

根据提供的部件名称，将其编号在图 2-4 中标注出来，并查阅有关资料，了解它们的作用。

卧式车床主要部件的名称：

1—主轴箱　2—交换齿轮箱　3—进给箱　4—溜板箱

5—开合螺母　6—主轴控制杆　7—光杠　8—丝杠

9—尾座　10—安全开关　11—乳化液开关　12—自定心卡盘

13—刀架　14—灯　15—导轨　16—中心扶架

3. 卧式车床传动系统

根据卧式车床传动原理图（图 2-5），填写图 2-6 中的空格部分。

4. 切削运动与切削用量

（1）车削运动　如图 2-7 所示，主运动为＿＿＿＿＿＿，进给运动（走刀运动）为＿＿＿＿＿＿。

（2）车削时产生的表面

1）待加工表面：零件上即将切去切屑的表面。

2）已加工表面：零件上已切去切屑的表面。

工作任务二　制作安全锤　37

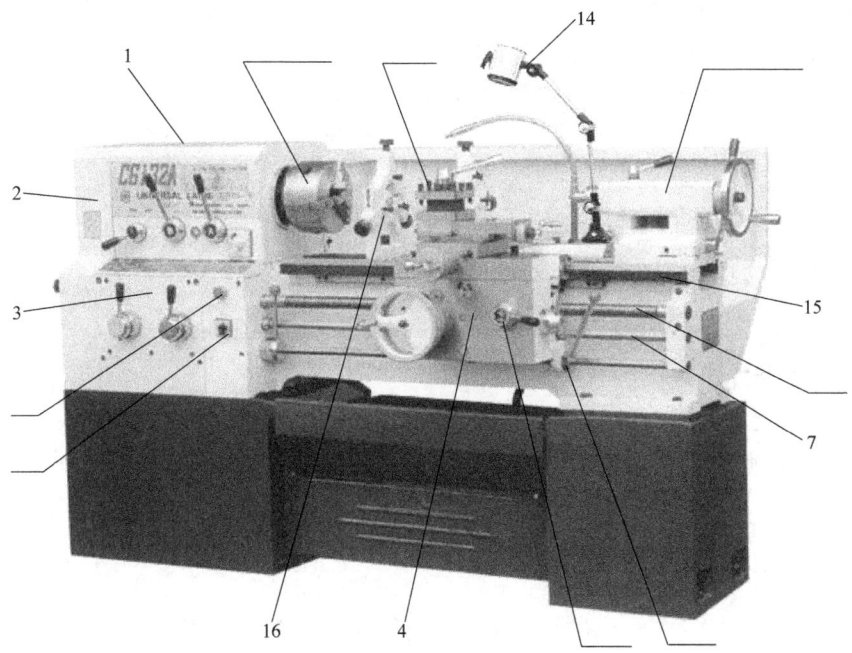

图 2-4　卧式车床

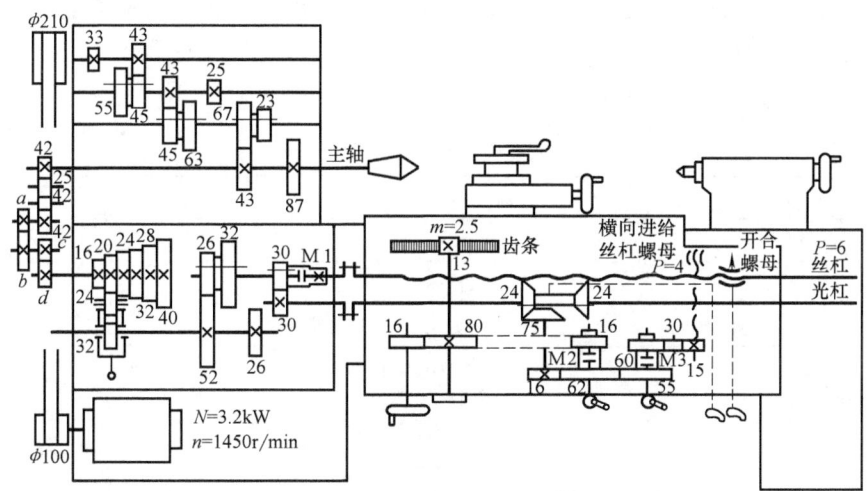

图 2-5　卧式车床传动原理图

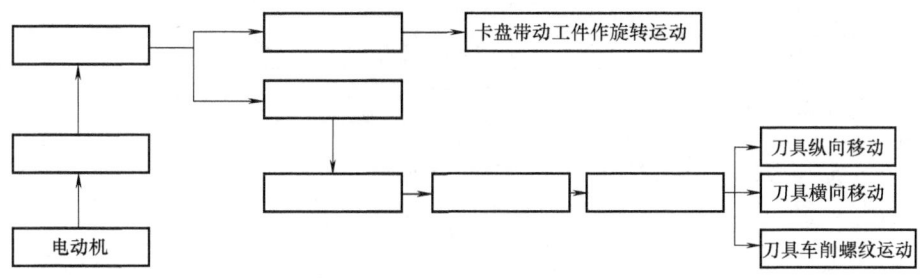

图 2-6　卧式车床传动原理

3）过渡表面：由车刀主切削刃在零件上形成的表面，即已加工表面和待加工表面之间的表面。

（3）切削用量　切削用量是切削时各运动参数的总称，包括＿＿＿＿＿＿＿＿、＿＿＿＿＿＿＿＿和背吃刀量（切削深度）。其中，＿＿＿＿＿＿＿＿是指刀具切削刃上选定点相对于工件待加工表面在主运动方向上的瞬时速度，单位为 m/min。其计算公式为

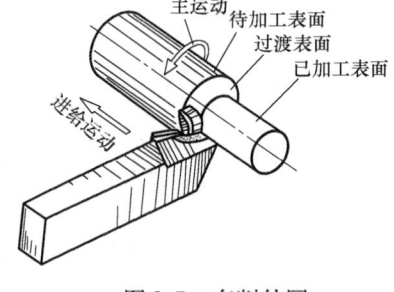

图 2-7　车削外圆

$$v_c = \frac{\pi d n}{1000}$$

式中　d——工件待加工表面的直径（mm）；

n——车床主轴的每分钟转速（r/min）。

【例 2-1】　车削直径 $d=180$mm 的圆柱外圆，选择切削速度 $v_c=60$m/min，求车床主轴的转速。

解：由　　　　　　　　　$v_c = \pi d n / 1000$

可得　　　　　　　　　$n = 1000 v_c / \pi d$

　　　　　　　　　　　$= 1000 \times 60 \text{m/min} / 3.14 \times 180 \text{mm} = 106 \text{r/min}$

想一想

车削直径 $d=200$mm 的带轮外圆，选择切削速度 $v_c=80$m/min，求车床主轴的转速。

三、制订工作计划

根据加工方案制订工作计划，见表 2-2。

表 2-2　工作计划表

任务编号		组别		审核	
成员					
工作内容					
序号	项　目		计划内容		负责人
1	接受任务		1）资料的收集 2）用户需求		
2	制订加工方案，做好准备工作		1）人员分工 2）制订工艺		
3	加工		1）掌握车床原理 2）准备材料、工具、量具和刃具 3）加工产品		
4	检测及误差分析		按标准进行检测		
5	设备维护保养		1）完成 6S 管理条例 2）进行设备的三级保养		
6	工作总结与评价		1）书写工作总结 2）成果展示		
7					
8					

四、选择设备、工具、量具与刃具

完成表2-3。

表2-3 设备、工具、量具与刃具

序号	类别	名称	图样	规格/型号	用途	准备情况
1	主要设备	卧式车床		CA6132		
2		台虎钳				
3		钻床				
4	主要工具	丝锥扳手				
5		板牙扳手				
6	量具	千分尺				
7		游标卡尺				
8	刃具	丝锥				
9		板牙				
10		麻花钻				
11		外圆车刀				
12		切断车刀				
13		滚花轮				
14	材料	45钢		$\phi 15mm \times 165mm$		
15		45钢		$\phi 20mm \times 70mm$		

活动三 加 工

1. 能熟练地操作卧式车床。
2. 能合理地安装刀具。
3. 能合理地装夹零件。
4. 能进行外圆滚花加工。
5. 能用丝锥攻螺纹。
6. 能用板牙套螺纹。

机加工车间。

掌握以下资讯与决策，才能顺利完成任务

一、卧式车床操纵练习

1. 通电前的准备工作

1）检查车床变速手柄是否处于空挡位置，离合器是否处于正确位置，操纵杆是否处于停止状态，确认无误后，合上车床总电源开关。

2）把急停开关顺时针松开。

3）向上提起溜板箱右侧的操纵杆手柄，使主轴正转；操纵杆手柄回到中间的位置时，主轴停止转动；将操纵杆手柄向下压，主轴反转。

2. 主轴箱变速操作

1）车床主轴变速操作。手柄有六个挡位，分别操作一次以上，达到熟练为止。

2）螺纹的左、右旋变换手柄操作。操作用来车削左旋螺纹和右旋螺纹的变换手柄。

3）主轴变速练习。

3. 进给箱变速操作

1）进给箱变速练习。调整手柄的位置作纵向进给，分别选择进给量 0.05mm/r 和 0.20mm/r；然后作横向进给，进给量分别为 0.10mm/r 和 0.30mm/r。

2）调整手柄的位置，分别车削螺距为 $P=1$mm、$P=1.5$mm 和 $P=2$mm 的螺纹。

4. 机动进给练习

1）调整主轴转速（$n=25$r/min 和 $n=360$r/min），分别作纵向、横向机动进给。注意：

变换方向时必须停机。

2）合上开合螺母，使溜板箱及床鞍作机动进给。

3）作双手同时移动拖板的基本手势和动作练习，在操作过程中体会手柄变换的手感。

4）溜板箱及床鞍机动进给时，注意保持卡盘和尾座的距离。

二、刀具的刃磨

1. 刀具的材料

车刀切削部分的材料主要有两大类：高速工具钢（常用牌号有 W18Cr4V 和 W6Mo5Cr4V2）和硬质合金（钨钴类、钨钴钛类和通用类）。

（1）高速工具钢（W18Cr4V）

1）优点：

2）缺点：

（2）硬质合金

1）优点：

2）缺点：

2. 砂轮的种类与选择

刃磨车刀的砂轮大多采用平形砂轮。按磨料不同，常用的砂轮有刚玉砂轮和碳化硅砂轮两类，如图 2-8 所示。刚玉砂轮多呈白色，其磨粒韧性好，比较锋利，硬度较低，自锐性好，适合刃磨高速工具钢车刀和硬质合金车刀的刀体部分；碳化硅砂轮多呈绿色，其磨粒的硬度高，刃口锋利，但脆性大，适合刃磨硬质合金车刀。

a) 刚玉砂轮

b) 碳化硅砂轮

图 2-8　砂轮

砂轮的粗细用粒度表示，有 F4、F5、F10、F22、F80 等级别，粒度越大，表示组成砂轮的磨料越细，反之越粗。粗磨车刀时采用基本粒尺寸大的粗粒度砂轮，精磨车刀时采用基本粒尺寸小的细粒度砂轮。

3. 车刀切削部分的几何角度

车刀切削部分的组成如图 2-9 所示。

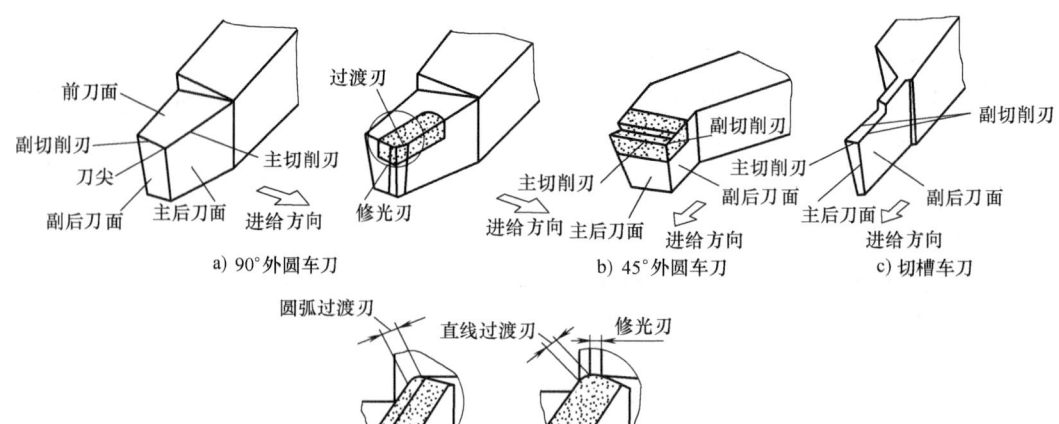

图 2-9 车刀切削部分的组成

想一想

1. 连线题。

前刀面　　　　　　　前刀面与副后刀面的交线
主后刀面　　　　　　主后刀面与副后刀面的交线
副后刀面　　　　　　切削时刀体上与已加工表面相对的表面
主切削刃　　　　　　前刀面与主后刀面的交线
副切削刃　　　　　　主切削刃与副切削刃的交点
刀尖　　　　　　　　切削时刀具上切屑流过的表面
过渡刃　　　　　　　切削时刀体上与过渡表面相对的表面

2. 了解车刀的几何角度及其作用（图2-10），完成表2-4。

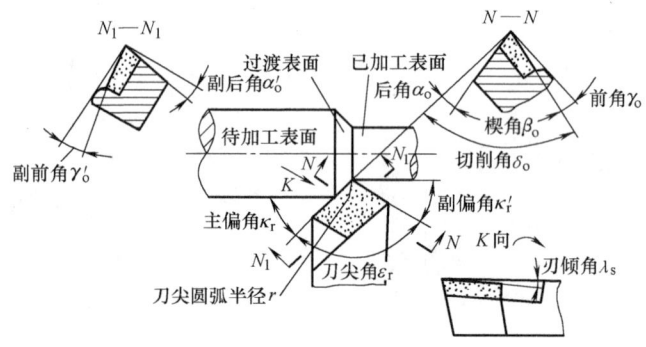

图 2-10 车刀的几何角度

表 2-4 车刀的几何角度及其作用

几何角度名称	定　义	作　用	选用原则
前角 γ_o	前刀面与基面间的夹角，在背平面中测量		加工硬度低、强度低及塑性材料时，应选择较大的前角
主后角 α_o	主后刀面与切削平面间的夹角，在正交平面内测量		一般粗加工时后角较小，精加工时后角较大

(续)

几何角度名称	定 义	作 用	选用原则
副后角 α_o'	副后刀面与通过副切削刃并垂直于基面的平面之间的夹角,在副切削平面内测量		选择原则同主后角
主偏角 κ_r	主切削平面与假定工作平面间的夹角,在基面中测量	当背吃刀量和进给量一定时,改变主偏角可以使切屑变薄或变厚,从而影响散热情况和进给力的变化	切削刚性差的工件(如细长轴)时,应增大主偏角;工件材料硬时,应选取较小的主偏角
副偏角 κ_r'	副切削平面与假定工作平面间的夹角,在基面中测量	它可以避免副切削刃与已加工表面摩擦而影响已加工表面粗糙度	精加工,机床、夹具、刀具及工件系统刚性差时,副偏角应取得小些
刃倾角 λ_s	主切削平面与基面之间的夹角,在主切削平面测量		精加工时刃倾角应取正值,粗加工时刃倾角应取负值;冲击载荷较大的断续切削(如车削偏心轴),应取较大负值的刃倾角
楔角 β_o	前刀面与主后刀面之间的夹角,在主截面内测出		$\beta_o = 90° - (\gamma_o + \alpha_o)$
刀尖角 ε_r	主切削平面与副切削平面之间的夹角,在基面中测量		$\varepsilon_r = 180° - (\kappa_r + \kappa_r')$

4. 外圆车刀的刃磨

(1) 90°外圆车刀(左偏刀)的刃磨步骤

1) 刃磨主后刀面,如图 2-11a 所示。

2) 刃磨副后刀面,如图 2-11b 所示。磨出副偏角及副后角,方法为:左手拇指、食指和中指捏住刀体 20mm 处,右手握着刀柄尾部,同时作两个动作,即刀体向上翘 6°~8°(副后角)和刀柄向右摆 6°~8°(副偏角),刃磨时车刀作左右移动。

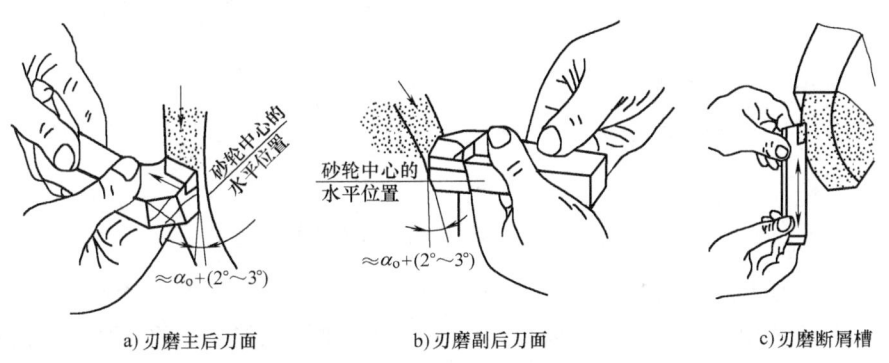

a) 刃磨主后刀面　　b) 刃磨副后刀面　　c) 刃磨断屑槽

图 2-11　90°外圆车刀(左偏刀)的刃磨

3) 刃磨断屑槽,如图 2-11c 所示。磨出前角,方法为:左手拇指、食指和中指捏住刀体20mm处，右手拇指、食指和中指捏住刀柄，注意手指不能超过前刀面，掌心相对，在砂轮左棱角处轻轻向前推车刀，深度达到0.8mm后作上下移动。

4）修磨主后刀面。

5）修磨副后刀面。

（2）刃磨车刀时的注意事项

1）应站在砂轮机的侧面，以防砂轮碎裂时碎片飞出伤人。两手握刀的距离要大些，两肘夹紧腰部，以减小刃磨时的抖动。

2）刃磨时，车刀要放在砂轮的水平中心，刀尖略向上翘3°~8°，车刀接触砂轮后应作左右水平移动。当车刀离开砂轮时，车刀应向上抬起，以防磨好的切削刃被砂轮碰伤。

3）刃磨后刀面时，刀柄尾部向左偏过一个主偏角的角度；刃磨副后刀面时，刀柄尾部向右偏过一个副偏角的角度。

4）修磨刀尖圆弧时，通常以左手握车刀前端为支点，用右手转动车刀的尾部。

5. 切断车刀的刃磨

（1）切断车刀分类　按切削部分的材料不同，切断车刀分为高速工具钢切断车刀及硬质合金切断车刀，如图2-12所示。高速工具钢切断车刀的切削部分与刀柄材料相同，材料韧性好，容易刃磨。硬质合金切断车刀是将切削部分的硬质合金焊接在刀体上。硬质合金的硬度高，容易崩刀，刃磨困难，适用于高速切削或切断硬质材料。

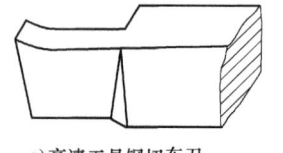
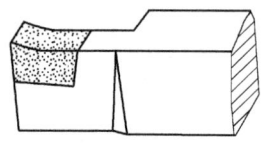

a) 高速工具钢切车刀　　b) 硬质合金切断车刀

图2-12　切断车刀分类

（2）切断车刀的几何参数　高速工具钢切断车刀的几何角度如图2-13所示。

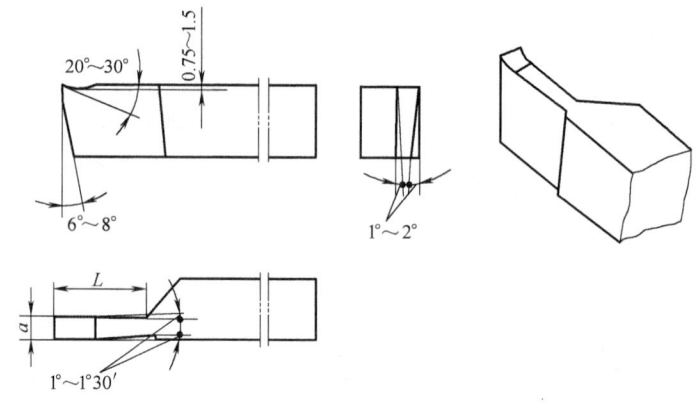

图2-13　高速工具钢切断车刀的几何角度

硬质合金切断车刀的几何角度如图2-14所示。用硬质合金切断车刀高速切断工件时，由于切屑和工件槽宽相等，因此容易堵塞在槽内，为了排屑顺畅，可将主切削刃两边倒角或磨成"人"字形。

（3）切断车刀的刃磨步骤

1）刃磨左侧副后刀面。两手握刀，车刀前刀面向上，同时磨出左侧副后角和副偏角，

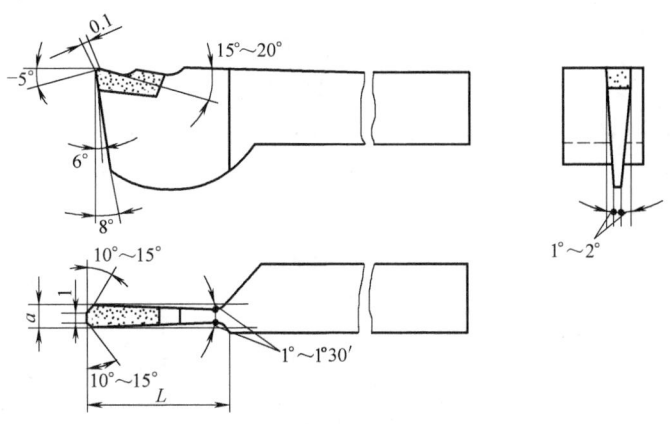

图 2-14 硬质合金切断车刀的几何角度

如图 2-15a 所示。

2) 刃磨右侧副后刀面。两手握刀，车刀前刀面向上，同时磨出右侧副后角和副偏角，如图 2-15b 所示，要求与左侧副后角、副偏角对称。

3) 刃磨主后刀面。两手握刀，车刀前刀面向上，同时磨出主后刀面，保证主切削刃平直，如图 2-15c 所示。

4) 刃磨前刀面。两手握刀，车刀前刀面对着砂轮磨削表面，刃磨前刀面、前角和断屑槽，如图 2-15d 所示，具体尺寸按工件材料性能而定。

5) 精磨两个副后刀面和一个主后刀面。为了保护刀尖，可在两刀尖上各磨出一个小圆弧过渡刃。

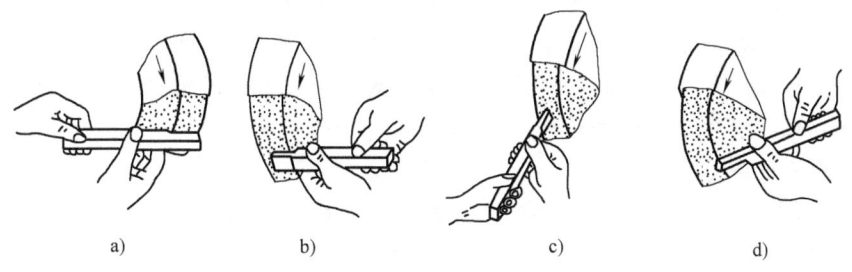

图 2-15 切断车刀的刃磨

（4）刃磨切断车刀时容易出现的问题

1) 刃磨切断车刀和切槽车刀的两侧副后角时，应以车刀底面为基准，用钢直尺或直角尺检查车刀角度，如图 2-16a 所示。如果副后角一侧出现负值，切断时刀具会与工件侧面发生摩擦，如图 2-16b 所示；若副后角太大，如图 2-16c 所示，则刀体强度差，切削时车刀容易折断。

2) 刃磨切断车刀和切槽车刀的副偏角时，要防止副偏角太大（图 2-17a），此时刀体强度低，容易折断。若副偏角为负值（图 2-17b）或副切削刃不平直（图 2-17c），则不能用直进法切削；若车刀左侧磨去太多（图 2-17d），则不能切削有高台阶的工件。

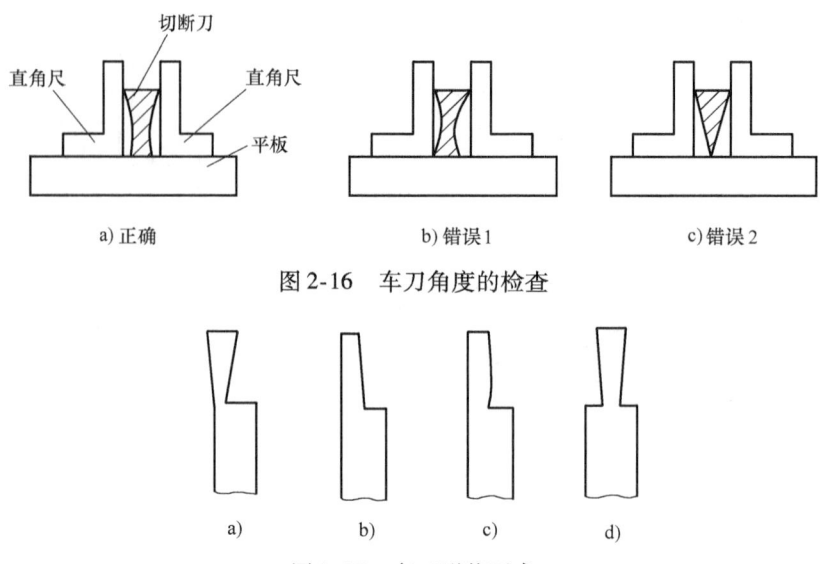

图 2-16　车刀角度的检查

图 2-17　车刀形状要求

想一想

1. 判断题，正确的在括号内填"√"，错误的填"×"。

1）车刀切削部分的材料必须具有高的硬度、好的耐磨性、良好的耐热性、足够的强度和韧性，以及良好的工艺性。（　　）

2）高速工具钢车刀的韧性虽然比硬质合金车刀好，但不能用于高速切削。（　　）

3）钨钴类硬质合金中含钴量越高，韧性越好，承受冲击的性能越好。（　　）

4）当所车削零件的材料较软时，车刀的前角可选得大些。（　　）

5）粗加工时，为了保证切削刃有足够的强度，应选择较小的前角。（　　）

6）钨钛钴类硬质合金按含钛量不同，可分为M10、M20、M40等。（　　）

7）常用车刀按刀具材料不同，可分为高速工具钢车刀和硬质合金车刀两类。（　　）

8）车刀切削部分材料的硬度必须高于被加工材料的硬度。（　　）

9）在砂轮房实施刃磨任务。（　　）

2. 车刀在刃磨时为什么会产生多个面？如何才能更好地把车刀的角度磨出来？

答：

三、工件的装夹与夹具的选择

1. 用通用夹具装夹

（1）用自定心卡盘（图2-18）装夹　自定心卡盘的三个卡爪是同步运动的，能自动定心，一般不需要找正。自定心卡盘装夹工件方便、省时，自动定心好，但夹紧力较小，所以适合装夹外形规则的中、小型工件。自定心卡盘可装成正爪或反爪两种形式，其中反爪用来装夹直径较大的工件。用自定心卡盘装夹精加工过的表面时,被夹住的工件表面应包一层铜皮,以免被夹伤。卧式车床多采用自定心卡盘装夹工件,轴类工件还可以使用尾座顶尖支持工件。

(2) 在两顶尖之间装夹(图2-19) 对于长度尺寸较大或加工工序较多的轴类工件,为保证每次装夹时的精度,可用两顶尖装夹。两顶尖装夹工件方便,不需要找正,装夹精度高,但必须预先在工件两端面钻出中心孔。该装夹方式适用于多工序加工或精加工。

图2-18 用自定心卡盘装夹工件

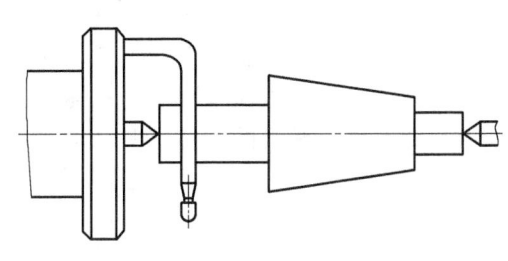

图2-19 两顶尖装夹

用两顶尖装夹工件时应注意以下事项:
1) 前、后顶尖的连线应与车床主轴轴线同轴,否则车出的工件会产生锥度误差。
2) 尾座套筒在不影响车刀切削的前提下,应尽量伸得短些,以增加刚性、减少振动。
3) 中心孔形状应正确,表面粗糙度要小。轴向精确定位时,中心孔倒角可加工成准确的倒圆,并以该倒圆与顶尖圆锥面的切线为轴向定位基准进行定位。
4) 两顶尖与中心孔的配合应松紧合适。

(3) 用卡盘和顶尖(一夹一顶)装夹(图2-20) 用两顶尖装夹工件虽然精度高,但刚性较差。因此,车削质量较大的工件时,要一端用卡盘夹住,另一端用后顶尖支承。为了防止工件由于进给力的作用而产生轴向位移,必须在卡盘内装一限位支承,或利用工件的台阶面限位。这种装夹方法比较安全,能承受较大的进给力,安装刚性好,轴向定位准确,所以应用比较广泛。

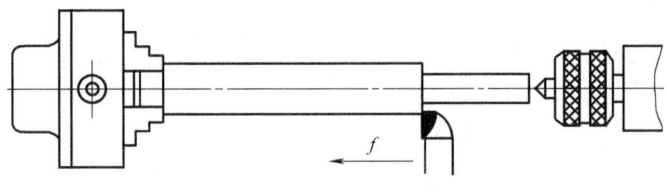

图2-20 一夹一顶装夹

(4) 用两个自定心卡盘装夹 对于精度要求高、变形要求小的细长轴类零件,可采用双主轴驱动式数控车床进行加工,车床两主轴轴线同轴、转动同步,零件两端同时分别由自定心卡盘装夹并带动旋转,这样可以减小进给加工时由进给力矩引起的工件扭转变形。

2. 用找正方式装夹

(1) 找正要求 找正装夹时,必须将工件加工表面的回转轴线,即工件坐标系 Z 轴找正到与车床主轴回转中心线重合。

（2）找正方法（图2-21） 在卧床车床上找正工件时，一般采用打表找正，即通过调整卡爪，使工件轴线与车床主轴的回转中心线重合。单件生产、偏心安装时，常采用找正装夹；用自定心卡盘装夹较长的工件时，工件离卡盘夹持部分较远处的回转中心线不一定与车床主轴回转中心线重合，这时必须找正；当自定心卡盘使用的时间较长，已失去其原有精度，而工件的加工精度要求又较高时，也需要采用找正装夹。

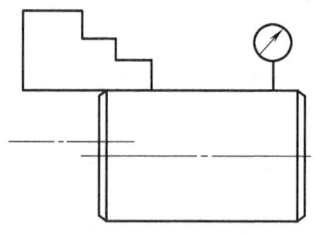

图2-21 工件的找正

（3）装夹方式 一般采用单动卡盘装夹。单动卡盘的四个卡爪是各自独立运动的，可以调整工件夹持部位在主轴上的位置，使工件加工面的回转中心线与车床主轴的回转中心线重合，但单动卡盘找正比较费时，只能用于单件小批生产。单动卡盘的夹紧力较大，所以适用于大型或形状不规则的工件。单动卡盘也可装成正爪和反爪两种形式。

想一想

根据工作任务的需要，用连线的方式确认该工作任务应该采用的装夹方式，如图2-22所示。

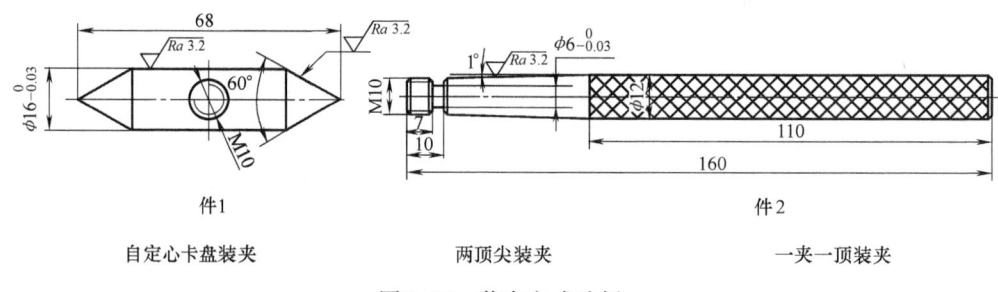

件1　　　　　　　　　　　　　　　　件2

自定心卡盘装夹　　　　两顶尖装夹　　　　一夹一顶装夹

图2-22 装夹方式选择

四、车刀的安装

车刀安装得是否正确直接影响着切削能否顺利进行和工件的加工质量，即使刀具的角度刃磨得非常合理，如果安装得不正确，也会改变车刀的实际工作角度。安装车刀时，应注意以下问题：

1）刀尖必须与工件回转轴线等高，如图2-23a所示，否则车至端面中心处时将留下切不去的凸台，并且极容易引起崩刀、打刀。

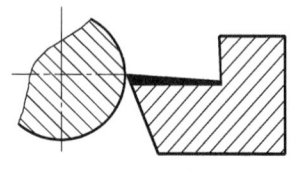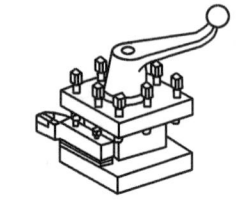

a) 刀尖与工件回转轴线等高　　b) 车刀伸出长度和垫片的叠放

图2-23 车刀的安装

2）车刀的伸出长度要适当（图2-23b），伸出过长会使车刀产生振动，从而影响零件的表面粗糙度。一般车刀伸出长度比所加工零件的半径长2mm较为适宜。

3）垫片的叠放应该平齐，否则会出现车刀振动、翘刀和断刀等现象而影响加工质量。

五、滚花

1. 滚花的概念

滚花是在金属制品的把手处或其他工件外表面滚压出花纹的机械工艺，主要作防滑用。

滚花是用滚花刀来挤压工件，使其表面产生塑性变形而形成花纹。滚花的径向挤压力很大，因此加工时，工件的转速要低些，并应充分供给切削液，以免研坏滚花刀和防止细屑滞塞在滚花刀内而产生乱纹。

各种工具和机器零件的手握部分，为了便于握持和增加美观性，常常在其表面上滚出各种不同的花纹，如外径千分尺的套管、铰杠扳手及螺纹量规等。

2. 滚花相关标准

滚花的现行国家标准为GB/T 6403.3—2008，此标准适用于一般用途的圆柱表面滚花。

（1）滚花的形式 滚花的花纹大致分为直纹（图2-24a）、斜纹和网纹（图2-24b）三种，其中网纹有菱形与方形之分，也就是30°和45°两种。

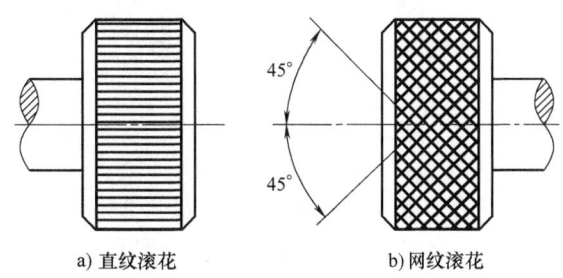

a) 直纹滚花　　b) 网纹滚花

图2-24　滚花的形式

（2）滚花花纹的形状 滚花花纹的形状是假定工件直径为无穷大时花纹的垂直截面，如图2-25所示。

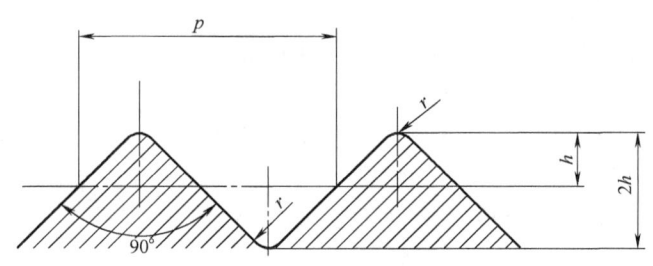

图2-25　滚花花纹的形状

（3）滚花的尺寸规格 国家标准针对直纹滚花和网纹滚花的尺寸规格（模数为0.2mm、0.3mm、0.4mm和0.5mm）作了详细规定。见表2-5。

表2-5　滚花的尺寸规格　　（单位：mm）

模数 m	h	r	节距 p
0.2	0.132	0.06	0.628
0.3	0.198	0.09	0.942
0.4	0.264	0.12	1.257
0.5	0.326	0.16	1.571

注：表中 $h = 0.785m - 0.414r$。

（4）滚花的标记

模数 $m = 0.3$mm 的直纹滚花：直纹　m0.3　GB/T 6403.3—2008。

模数 $m = 0.4$mm 的网纹滚花：网纹　m0.4　GB/T 6403.3—2008。

3. 滚花刀

（1）滚花轮的种类 按直径、宽度与花纹不同，滚花轮有许多规格，常用的有直纹滚花轮、右斜纹滚花轮和网纹滚花轮，如图2-26所示。

a) 直纹滚花轮　　　　b) 右斜纹滚花轮　　　　c) 网纹滚花轮

图 2-26　常用滚花轮的种类

（2）滚花刀的型式　滚花操作需要使用滚花刀，也就是装有滚花轮的刀柄。滚花刀可以直接购买，也可以购买滚花轮后自己制作。滚花刀一般有单轮式（图 2-26b）、双轮式（图 2-26c）和六轮式：单轮式是在一个刀柄上装一个滚花轮；双轮式是在一个刀柄上装两个滚花轮，一般是由两个相反的斜纹轮组成一对；六轮式就是将三组双轮装在刀柄上，可以直接转换不同的花纹组合。滚花刀也有直纹滚花刀和网纹滚花刀之分。

4. 滚花操作

在车床上滚花时，作用力相当大，工件必须装夹牢固。因为滚花时的进给力比车削时大得多，所以除了适度拧紧刀架螺钉外，刀架手柄也要压紧。

安装滚花刀时，刀面要与工件垂直；同时，滚花轮中心要对准工件轴心，且与工件成一夹角（约为8°），就像车刀的副偏角一样，这样可使滚花刀容易切入工件，如图 2-27 所示。

滚花开始时要用力压入工件，不能有停顿，使工件一开始就压出花纹；但也不能过度，否则工件会变形。等花纹滚得很清晰后再进给，进行走花，否则花纹易滚乱。以直径为 20mm 的外圆滚花为例，切削速度为 10~15m/min，主轴转速可选择 200r/min 左右。

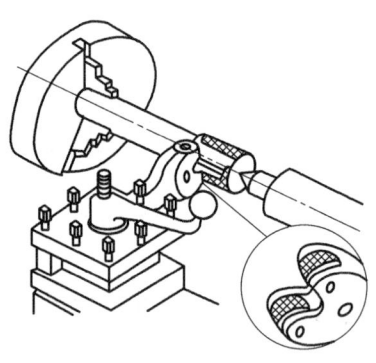

图 2-27　滚花加工

滚花时要保证有充分的切削液，可使用机械油进行润滑，还要经常清除铁屑，这样花纹才能滚得清楚。

在自动车床上滚花的原理与手动滚花相同。设计凸轮时，要求滚花刀接触工件表面后直接切入规定的花纹底径，停留 10~15s 后立即退刀。如果是走花，切入花纹底径后应立即让滚花刀横向进给，到规定的距离后立即退刀，若停留时间过长，会产生一条刀痕，破坏花纹的表面形状。在自动车床上滚压网纹滚花时，只要花纹宽度不超过滚花轮的宽度，即可直接用单轮滚；如果花纹宽度超过滚花轮宽度，则应用双轮滚花。

六、攻螺纹与套螺纹

1. 攻螺纹

攻螺纹是用丝锥在工件孔中切削出内螺纹的加工方法。

（1）攻螺纹工具　攻螺纹时要使用丝锥、铰杠和夹头等工具。

1) 丝锥。丝锥是加工内螺纹的工具，分为机用丝锥和手用丝锥，如图 2-28 所示，它们有左旋和右旋及粗牙和细牙之分。机用丝锥通常是指高速工具钢磨牙丝锥，其螺纹公差带分为 H1、H2 和 H3 三种。手用丝锥是用滚动轴承钢 GCr9 或合金工具钢 9SiCr 制成的滚牙（或切牙）丝锥，其螺纹公差带为 H4。

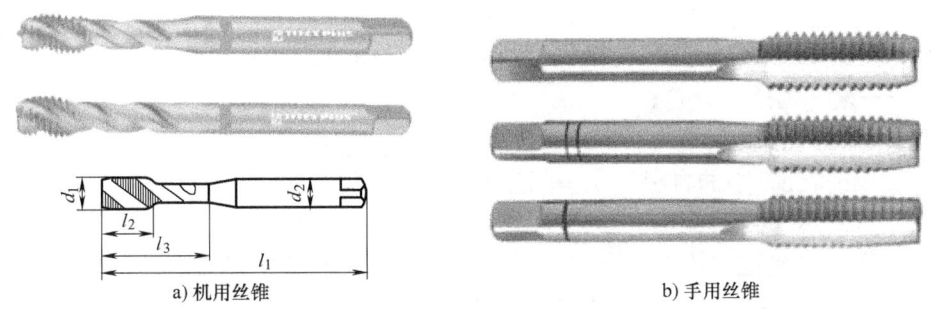

图 2-28 丝锥

如图 2-29 所示，丝锥由工作部分和柄部组成，工作部分又包括切削部分和校准部分。切削部分磨出锥角；校准部分具有完整的齿形，柄部有方榫。

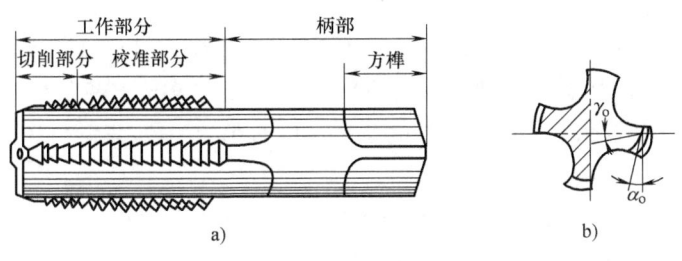

图 2-29 丝锥的结构

切削部分前角 $\gamma_o = 8° \sim 10°$；切削部分的锥面上一般铲磨出后角，机用丝锥 $\alpha_o = 10° \sim 12°$，手用丝锥 $\alpha_o = 6° \sim 8°$。

为了制造和刃磨方便，丝锥上的容屑槽一般做成直槽；有些专用丝锥为了控制排屑方向，则做成螺旋槽。

2) 铰杠（图 2-30）。铰杠是手工攻螺纹时用来夹持丝锥的工具，分为普通铰杠和丁字铰杠两类，这两类铰杠又可分为固定式和活动式两种。其中，丁字铰杠适合在高凸台旁边或箱体内部攻螺纹，活动式丁字铰杠适用于 M6 以下的丝锥，固定式普通铰杠适用于 M5 以下的丝锥。

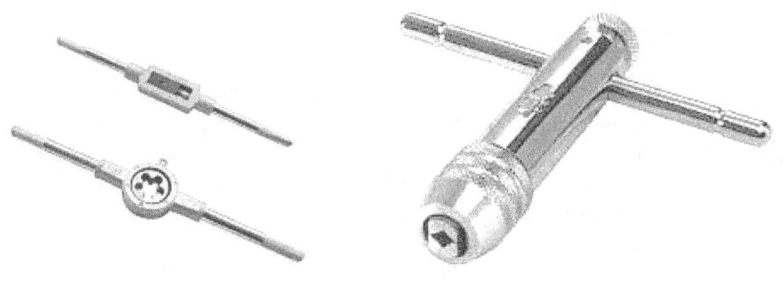

图 2-30 铰杠

(2) 攻螺纹计算

1) 底孔直径的确定。攻螺纹时,丝锥每个切削刃除起切削作用外,还伴随着较强的挤压作用。因此,金属将产生塑性变形形成凸起并挤向牙尖。

加工钢和塑性较大的材料时及扩张量中等的条件下

$$D_0 = D - P$$

式中　D_0——攻螺纹时钻螺纹底孔所用钻头的直径(mm);
　　　D——螺纹大径(mm);
　　　P——螺距(mm)。

加工铸铁和塑性较小的材料时及扩张量较小的条件下

$$D_0 = D - (1.05 \sim 1.1)P$$

2) 底孔深度的确定　攻不通孔螺纹时,由于丝锥切削部分有圆锥角,端部不能切出完整的牙型,所以钻孔深度应大于螺纹的有效深度,即

$$H_{钻} = h_{有效} + 0.7D$$

式中　$H_{钻}$——底孔深度(mm);
　　　$h_{有效}$——螺纹有效深度(mm);
　　　D——螺纹大径(mm)。

【例 2-2】 1) 分别计算在钢件和铸铁件上攻 M10 螺纹时钻底孔钻头的直径各为多少。
2) 攻不通孔螺纹,其螺纹有效深度为 60mm,则底孔深度为多少?

解：1) 查螺纹相关标准,M10 螺纹的螺距 $P = 1.5$mm,则在钢件上攻螺纹时钻底孔所用钻头的直径为

$$D_0 = D - P = 10\text{mm} - 1.5\text{mm} = 8.5\text{mm}$$

在铸铁件上攻螺纹时钻底孔所用钻头的直径为

$$\begin{aligned}D_0 &= D - (1.05 \sim 1.1)P \\ &= 10\text{mm} - (1.05 \sim 1.1) \times 1.5\text{mm} \\ &= 8.35 \sim 8.425\text{mm}\end{aligned}$$

取 $D_0 = 8.4$mm(按钻头直径标准系列取一位小数)。

2) 底孔深度为

$$\begin{aligned}H_{钻} &= h_{有效} + 0.7D \\ &= 60\text{mm} + 0.7 \times 10\text{mm} \\ &= 67\text{mm}\end{aligned}$$

2. 套螺纹

(1) 套螺纹工具

1) 板牙(图 2-31)。板牙是加工外螺纹的工具,用合金工具钢 9SiCr 或高速工具钢制成,并经淬火 + 回火处理。板牙由切削部分、校准部分和排屑孔组成。板牙两端有切削圆锥角的部分是切削部分,它不是圆锥面(因圆锥面的后角 $\alpha_o = 0°$),而是经过铲磨的阿基米德螺旋面,其后角 $\alpha_o = 7° \sim 9°$。排屑孔是板牙的前刀面,它是曲线,其前角是沿切削刃变化的。板牙中间的一段是校准部分,也是套螺纹时的导向部分。

2) 板牙架。板牙架(图 2-32)是装夹板牙的工具,也称板牙铰杠。板牙放入板牙架后,用螺钉紧固。

图 2-31 板牙

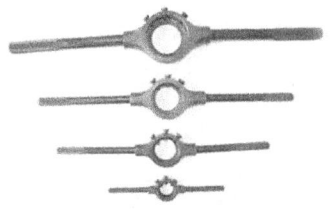

图 2-32 板牙架

（2）套螺纹尺寸与用丝锥攻螺纹时相同，用板牙在工件上套螺纹时，工件材料同样会因受挤压而变形，牙顶将被挤高一些。

（3）套螺纹操作

1）套螺纹前的圆杆端部应倒角（15°～20°的圆锥斜角），使板牙容易对准工件中心和切入工件。在不影响螺纹长度的前提下，工件伸出钳口的长度应尽量短一些。

2）套螺纹时的进给力矩很大，而工件为圆杆形状，由于圆杆不易夹持牢固，所以要用硬木制成的 V 形块或铜板作衬垫，才能牢固地将工件夹紧。加衬垫时，圆杆套螺纹部分离钳口要尽量近些。

3）起套时，右手手掌按住铰杠中部，沿圆杆的轴向施加压力，左手配合作顺向旋进，此时转动宜慢，压力要大，应保持板牙的端面与圆杆轴线垂直，否则切出的螺纹牙齿将一面深一面浅。当板牙切入圆杆 2～3 牙时，应检查其垂直度，否则继续扳动铰杠时容易造成螺纹偏切和"乱牙"。

4）起套后，不应再向板牙施加压力，以免损坏螺纹和板牙，应让板牙自然旋进。为了断屑，板牙也要时常倒转。

5）在钢件上套螺纹时要加切削液液（一般加注全损耗系统用油或较浓的乳化液，螺纹要求较高时，可使用工业植物油），以延长板牙的使用寿命和减小螺纹的表面粗糙度值。

七、安全锤制作过程

锤头的加工工序见表 2-6，锤柄的加工工序见表 2-7。

表 2-6 锤头的加工工序

任务编号			组别		记录	
加工过程记录					
序号	工序	图示		完成情况记录		说明
1	车削 φ16mm×72mm	（图：车削 φ16，长 72）				
2	车削锥度 60°	（图：车削锥度 60°，长 72）				

（续）

序号	工序	图示	完成情况记录	说明
3	切断	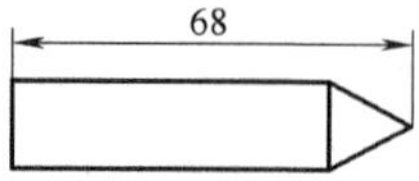 68		
4	掉头，车削另一锥度60°	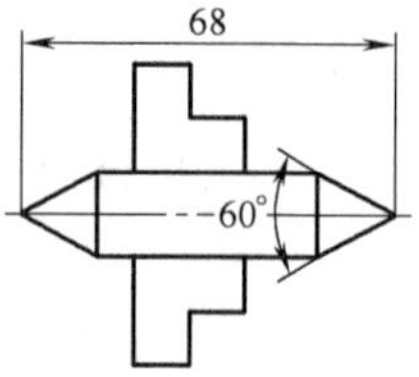 68，-60°		
5	钻孔、倒角	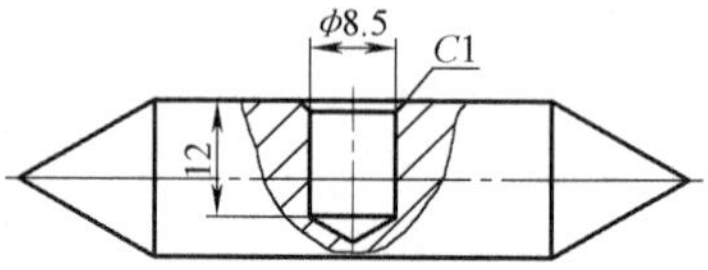 $\phi 8.5$，C1，12		
6	攻螺纹	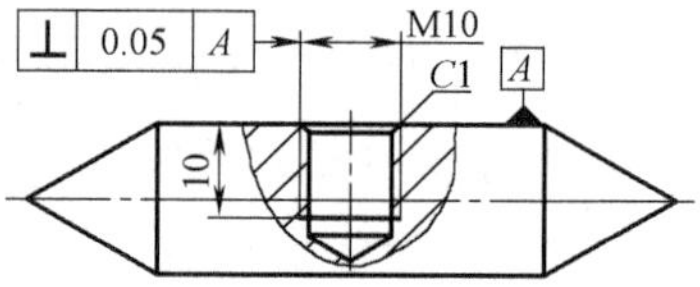 ⊥ 0.05 A，M10，C1，10		

表2-7 锤柄的加工工序

任务编号		组别		记录	
加工过程记录					
序号	工序	图示		完成	说明
1	车削 $\phi 12mm \times 165mm$	165，$\phi 12$			
2	车削 $\phi 9.8mm \times 10mm$	165，$\phi 12$，$\phi 9.8$			
3	车削锥度1°	165，40，1°，$\phi 9.8$			
4	滚花	165，40，1°，$\phi 9.8$			

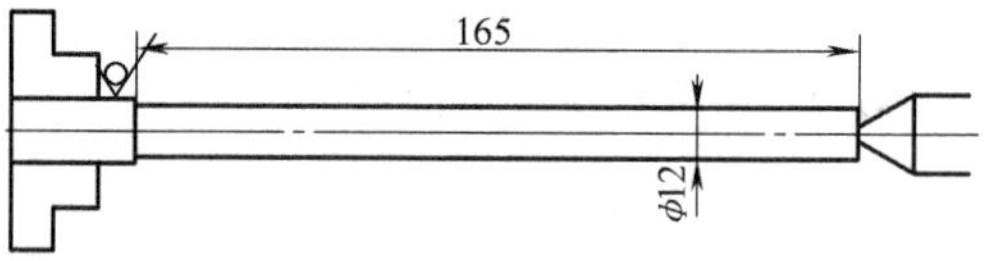

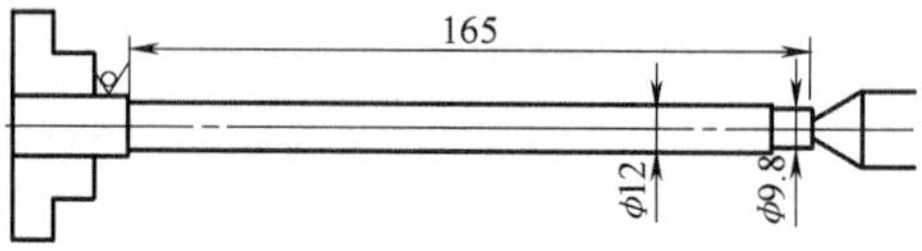

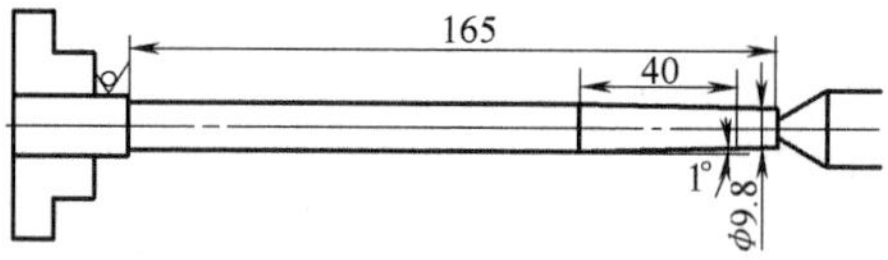

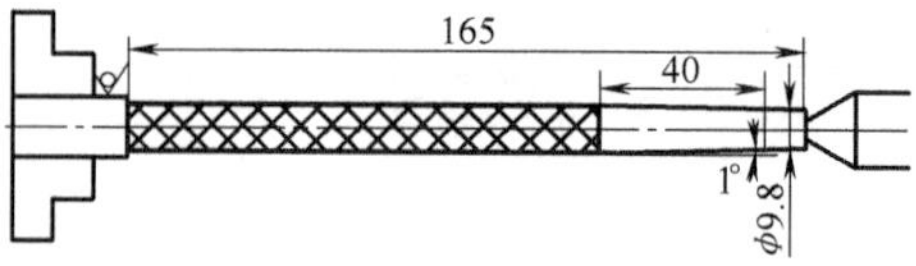

（续）

序号	工序	图示	完成	说明
5	切槽			
6	倒角			
7	切断			
8	掉头，车削端面、倒角			
9	套螺纹			

活动四　检测及误差分析

1. 能使用千分尺进行测量。
2. 能检测圆跳动误差。
3. 能分析误差产生的原因。

机加工车间。

掌握以下资讯与决策，才能顺利完成任务

一、外径千分尺的使用
1. 外径千分尺的读数方法
（1）读整数　读出微分筒左边固定套筒上刻线露出部分的数字，即为测得零件尺寸的整数部分。

（2）读小数　看微分筒的哪条刻线与固定套筒上的轴向刻线对齐，读出该读数；再看半刻线（0.5mm 刻线）是否露出。如果半刻线未露出，则刚才读出的刻度读数即为小数部分；如果半刻线露出，则要加上 0.5mm 作为小数部分。

（3）两次读数相加　把整数部分和小数部分相加，即为千分尺的读数。

2. 实际工作中零件的测量

零件的长度可使用钢直尺、内卡钳、游标卡尺和样板等进行测量。台阶外圆的测量与其他外圆一样，一般使用游标卡尺测量；精度要求高的外圆可用千分尺测量，如图 2-33 所示。

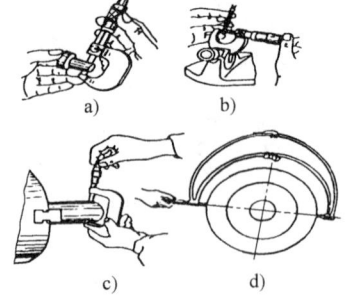

图 2-33　千分尺的使用

想一想

将以下千分尺的读数写到横线上。

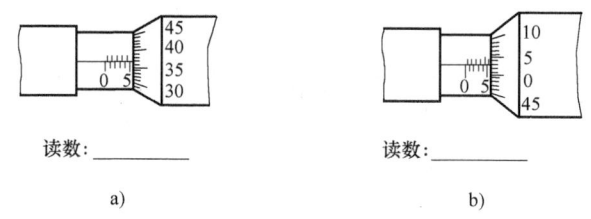

读数：_____　　　　　读数：_____

a)　　　　　　　　　　　b)

图 2-34　千分尺读数练习

二、零件的检测

检测安全锤，其精度要求见表 2-8。

表 2-8　安全锤加工评分表

姓名			加工用时		总得分		
名称		安全锤	考核日期				
序号	检测内容			配分	评分标准	检测结果	得分	备注
1	外圆	$\phi 16_{-0.03}^{0}$ mm	IT	10	每超差 0.01mm 扣 3 分			
2			Ra	5	每降一级扣 2 分			
3		$\phi 12$mm	IT	10	每超差 0.05mm 扣 3 分			
4			Ra	5	每降一级扣 2 分			
5		$\phi 6_{-0.03}^{0}$mm	IT	5	每超差 0.02mm 扣 3 分			
6	长度	68mm	IT	5	每超差 0.05mm 扣 2 分			
7		160mm	IT	5	每超差 0.05mm 扣 2 分			
8		110mm	IT	5	每超差 0.05mm 扣 2 分			
9		7mm	IT	5	每超差 0.05mm 扣 2 分			
10	螺纹	M10↑10	IT	10	每超差 0.05mm 扣 2 分			

(续)

姓名			加工用时			总得分		
名称	安全锤		考核日期					
序号	检测内容			配分	评分标准	检测结果	得分	备注
11	锥度	60°	两处	5	每超差1′扣2分			
12			Ra	5	每降一级扣2分			
13		1°	一处	5	每超差1′扣2分			
			Ra	5	每降一级扣2分			
14	垂直度	0.05mm	IT	5	每超差0.05mm扣2分			
15	滚花（国家标准）			5	每降一级扣2分			
16	其他			5	酌情扣分			
17	文明生产	按有关规定每违反一项从总分中扣3分，发生重大事故取消考试				扣分不超过10分		
18	其他项目	一般按照 GB/T 1804—M。用螺纹量规检测螺纹尺寸，通规可以通过全程螺纹，且止规旋入三个牙以下为合格				扣分不超过10分		
		工件必须完整，考件局部无缺陷（夹伤等）						
19	加工时间	90min 后尚未开始加工者终止考试；150min 后，每超过1min 扣1分；180min 时停止加工						

三、误差产生原因分析

填写误差分析表（见表2-9）

表2-9 误差分析表

序号	加工过程中的问题	检查情况	分析原因	备注（处理方案）
1	尺寸精度达不到要求	□是 □否	□对刀测量时有误差 □量具握法不正确 □读数有误 □其他	
2	表面粗糙度达不到要求	□是 □否	□刀具的前角和后角不合适 □转速和进给量选择不正确 □其他	
3	崩刀	□是 □否	□刀具的前角和后角太大，导致刚性不足 □背吃刀量太大 □进给量过大 □其他	
4	零件表面出现振纹	□是 □否	□刀具主偏角不正确 □零件伸出过长，刚性差 □其他	
5	刀具干涉	□是 □否	□刀具几何角度刃磨不合格 □装夹刀时没对中心，过高或过低 □其他	

（续）

序号	加工过程中的问题	检查情况	分析原因	备注(处理方案)
6	撞刀	□是 □否	□对刀时坐标值输入错误 □对刀步骤错误 □程序编写错误 □输入程序时遗漏信息字 □其他	
7	其他	□有 □无		

活动五　设备维护保养

1. 能够进行卧式车床的日常维护与保养。
2. 能够按照车间现场管理规定整理现场。

机加工车间。

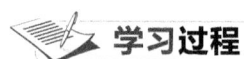

掌握以下资讯与决策，才能顺利完成任务

一、卧式车床的日常维护与保养

为了保证车床的正常运转，减少磨损，延长其使用寿命，保证工件的加工质量和提高生产率，应对车床的所有摩擦部位进行润滑，并注意其日常维护与保养。

想一想

车床常用润滑方式有以下几种，查阅资料，将相应序号填入图 2-35 横线处。

（1）浇油润滑；（2）溅油润滑；（3）油绳导油润滑；（4）弹子油杯注油润滑；（5）润滑脂杯润滑；（6）油泵输油润滑。

1. CA6132 型车床的润滑

（1）车床润滑系统（图 2-36）　换油时，应先将废油放尽，然后用煤油把箱体内部冲洗干净，再注入新的全损耗系统用油；注油时应用滤网过滤，且油面应不低于油标的中线。

（2）润滑要求

1）主轴箱内零件润滑要求。轴承为油泵循环润滑，齿轮为飞溅润滑；箱内润滑油每 3 个月更换一次；车床运转时，箱体上油标应不间断地有油输出。

2）进给箱内齿轮和轴承润滑要求。采用飞溅润滑和油绳导油润滑；每班向储油池加油一次。

工作任务二 制作安全锤 59

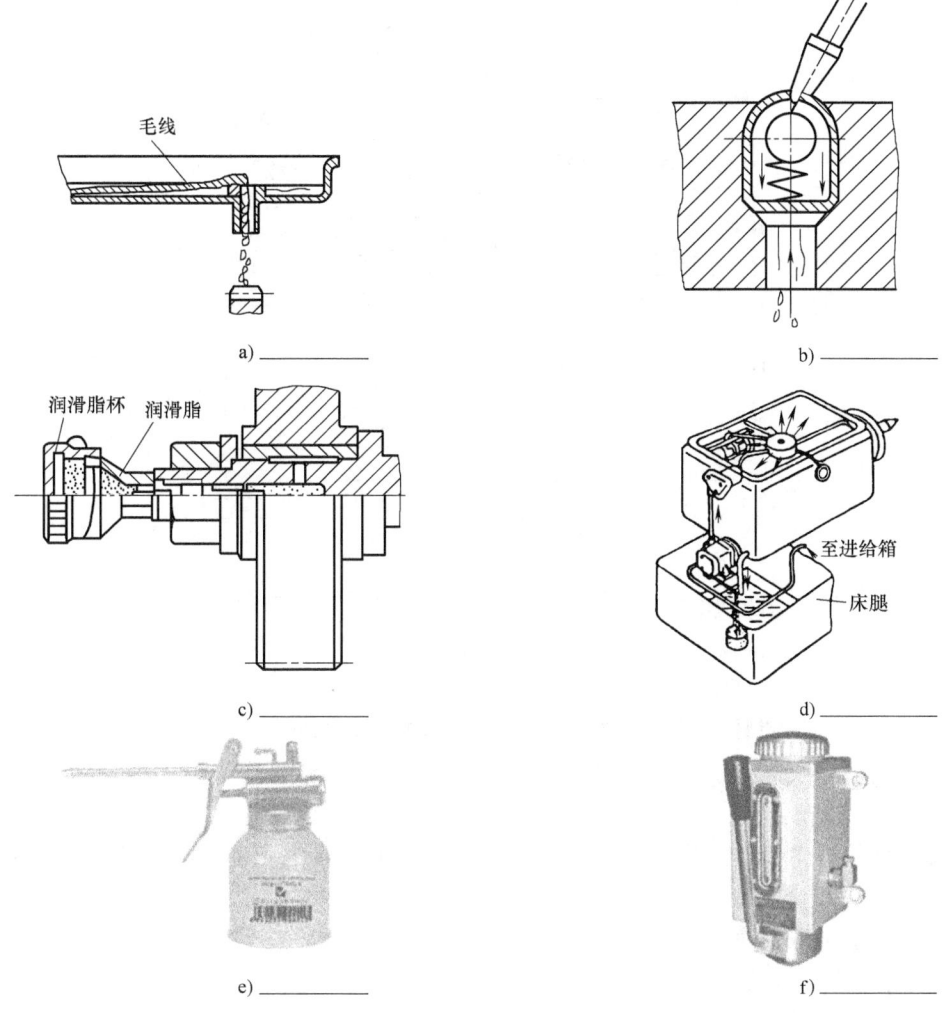

图2-35 润滑方式

3）交换齿轮箱中间齿轮轴轴承润滑要求。每班加油一次，每7天向润滑脂杯加钙基润滑脂一次。

4）尾座和中、小滑板手柄，三杠及刀架转动部位润滑要求。采用弹子油杯注油润滑，每班加油一次。

5）床身导轨、滑板导轨润滑要求。每班工作前、后擦拭干净，并用油枪浇油润滑。

2. 车床的日常维护保养要求

车床的日常维护与保养要求如下：

1）每班工作后切断电源，擦净车床导轨面（包括中、小滑板），要求无油污、无铁屑，并浇油润滑；擦拭车床各表面、罩壳、操纵手柄和操纵杆等，使车床外表清洁、场地整齐。

2）每周保养车床床身和中、小滑板，完成三个导轨及转动部位的清洁和润滑，要求油孔畅通、油标清晰，清洗油绳和护床油毛毡，保持车床外表和工作场地整洁。

3. 车床的一级保养

车床运行500h后，需要进行一级保养。一级保养以操作工人为主，在维修工人的配合

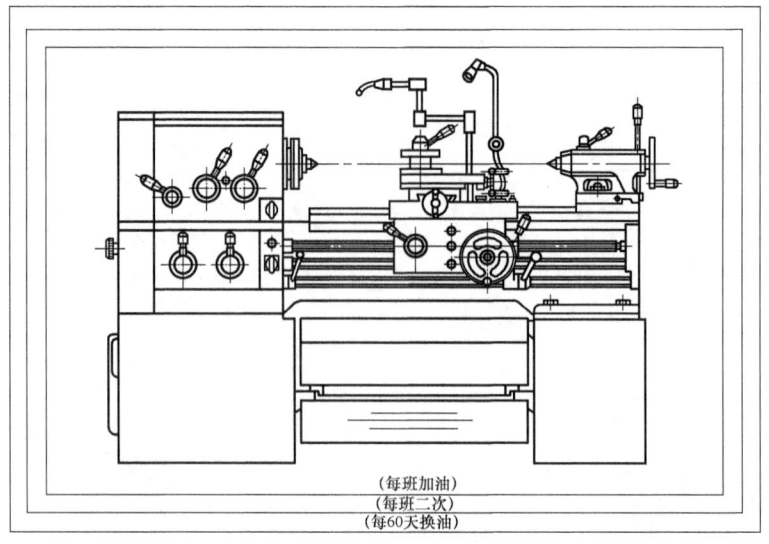

（每班加油）
（每班二次）
（每60天换油）

图 2-36　车床润滑系统

下进行。保养时必须先切断电源，以确保安全，然后按以下内容和顺序进行。

（1）主轴箱部分

1）拆下滤油器并进行清洗，使其无杂物，然后复装。

2）检查主轴，其锁紧螺母应无松动现象，紧定螺钉应拧紧。

3）调整制动器及离合器摩擦片的间隙。

（2）交换齿轮箱部分

1）拆下齿轮、轴套、扇形板等进行清洗，然后复装，在润滑脂杯中注入新润滑脂。

2）调整齿轮啮合间隙。

3）检查轴套，应无晃动现象。

（3）刀架和滑板部分

1）拆下方刀架并清洗。

2）拆下中、小滑板的丝杠、螺母和镶条进行清洗。

3）拆下床鞍防尘油毛毡进行清洗，然后复装。

4）对中滑板的丝杠、螺母、镶条和导轨加油后复装，调整镶条间隙和丝杠螺母间隙。

5）对小滑板丝杠、螺母、镶条和导轨加油后复装，调整镶条间隙和丝杠螺母间隙。

6）擦净方刀架底面，涂油、复装并压紧。

（4）尾座部分

1）拆下尾座套筒和压紧块，进行清洗和涂油。

2）拆下尾座丝杠、螺母，进行清洗和加油。

3）清洗尾座并加油。

4）复装尾座部分并调整。

（5）润滑系统

1）清洗冷却泵、滤油器和盛液盘。

2）检查并保证油路畅通，油孔、油绳、油毡应清洁无铁屑。

3）检查润滑油，油质应保持良好，油杯应齐全，油标应清晰。

（6）电气部分

1）清扫电动机、电气箱上的尘屑。

2）电气装置固定整齐。

（7）车床外观要求

1）清洗车床外表及各罩盖，保持其清洁，无锈蚀、无油污。

2）清洗丝杠、光杠和操纵杆。

3）检查并补齐各螺钉、手柄和手柄球。

（8）机床附件的保养 对中心架、跟刀架和交换齿轮等进行润滑，各部件应摆放整齐。

注意：进行保养工作前应做好准备工作，如准备好拆装和清洗工具、润滑脂、放置机件的盘子和必要的备件等；保养工作应有条不紊地进行，拆下的机件应成组安放，做到文明操作。

二、安全文明生产

根据生产过程填写监控表（见表2-10）。

表2-10 安全文明生产过程监控

序号	过程	项目		要求	执行情况
1	1S(整理)	刀架匙的使用和摆放		用完应随手取下,并摆放在指定位置	□合理 □有待改进
2		卡盘匙的使用和摆放		用完应随手取下,并摆放在指定位置	□合理 □有待改进
3		加力棒的使用和摆放		用完应随手取下,并摆放在指定位置	□合理 □有待改进
4		毛刷等清洁用品的摆放		用完需在指定位置摆放整齐	□合理 □有待改进
5		量具的摆放		用完在指定位置摆放整齐	□合理 □有待改进
6		零件的摆放		用完在指定位置摆放整齐	□合理 □有待改进
7		毛坯的摆放		用完在指定位置摆放整齐	□合理 □有待改进
8	2S(整顿)	工作场地的整理		随时保持整洁	□整洁 □有待改进
9		工具架的摆放和整理		在指定位置摆放整齐,保持整洁	□合理 □有待改进
10		工具车的摆放和整理		用完在指定位置摆放整齐并上锁	□合理 □有待改进
11	3S(清扫)	每天轮流值日		保持车间整洁,及时清理垃圾	□整洁 □有待改进
12		机床周边卫生		保持车间整洁,及时清理	□整洁 □有待改进
13		车床卫生	外表	保持机床整洁,及时清理	□整洁 □有待改进
			导轨	保持机床整洁,及时清理	□整洁 □有待改进
			传动系统	保持机床整洁,及时清理	□整洁 □有待改进
			冷却系统	保持机床整洁,及时清理	□整洁 □有待改进
			润滑系统	保持机床整洁,及时清理	□整洁 □有待改进
14		切屑的清理		统一收集,每天清理	□有 □有待改进
15		下班前,刀架返回机械零点		刀架应停放在尾座附近	□有 □有待改进
16	4S(清洁)	每周进行一次大扫除		注意清理卫生死角	□整洁 □有待改进
17		切屑、废品的处理		统一收集,定期清理	□整洁 □有待改进
18	5S(素养)	穿戴劳保用品		劳保用品穿戴整齐,扣好钮扣	□有 □有待改进
19		开机前的检查		检查有无损坏或异常,有问题及时汇报	□有 □有待改进

(续)

序号	过程	项　目	要　　求	执 行 情 况
20	5S(素养)	开机预热	每班次加工前预热3~5min	□有　□有待改进
21		润滑	做好润滑工作,保证机床正常运行	□有　□有待改进
22	6S(安全)	安全通道	保持通道顺畅	□符合要求 □有待改进
23		清除安全隐患(预见能力)	及时清除安全隐患,杜绝伤害发生	□符合要求 □有待改进
24		安全文明操作	及时清除安全隐患,杜绝伤害发生	□符合要求 □有待改进
总体表现	□好　　□有待改进 有待改进方面说明:			安全员:(签名)

活动六　工作总结与评价

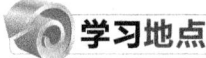 **学习目标**

1. 能对学习任务进行合理的总结和归纳。
2. 能对学习过程提出合理的建议。
3. 能客观、公正地进行评价。

学习地点

机加工车间。

 **学习过程**

掌握以下资讯与决策,才能顺利完成任务

一、总结

通过本次的工作过程,你学到了什么?对出现的问题提出合理的建议。

二、工作效果评价

1. 计划能力评价（见表2-11）

表2-11　计划能力评价

标准/指标	优	良	中	差
界定问题的范围				
明确任务目标				
检查现有状况、系统和故障来源				

(续)

标准/指标	优	良	中	差
对解决问题的办法进行可行性评估				
编制计划能力				
实施工作计划能力				
根据需要灵活调整计划的能力				

2. 独立获取信息能力评价（见表2-12）

表2-12　独立获取信息能力评价

评价	全面	完整	齐全	不全
随时准备获取信息	□	□	□	□
利用专业书籍（工具书）	□	□	□	□
运用数据表格	□	□	□	□
利用非印刷媒体	□	□	□	□
利用图书馆	□	□	□	□

3. 协作能力评价（见表2-13）

表2-13　协作能力评价

标准/指标	优	良	中	差
考虑到问题的难度				
听取他人的意见和建议				
可信、可靠				
具有责任心				
具有团队协作意识				

4. 课业评价（见表2-14）

表2-14　课业评价

项目	自我评价			小组评价			教师评价		
	10~8	7~6	5~1	10~8	7~6	5~1	10~8	7~6	5~1
参与情况									
工作态度									
安全操作规程遵守情况									
规程和制度执行情况									
叙述和解读任务情况									
服从工作安排情况									
完成加工任务情况									
零件自检情况									
清理工作现场情况									
展示汇报情况									
总　评									

5. 项目评价（见表 2-15）

表 2-15　项目评价

序号	标准/指标		自我评价	教师评价
1	专业能力	图样绘制		
2		特征描述		
3		基准选择		
4		工序划分		目标是否达到
5		工艺制订		
6		装夹定位		□是
7		刀具选择		□否
8	方法能力	编制计划能力		
9		实施工作计划能力		
10		独立获取信息能力		
11	社会能力	交流能力		
12		协作能力		
13		对技术构成的理解力		

评价：

组长签名：

指导教师签名：

工作任务三

制作小型压力机

 **任务情境**

某垫圈厂的市场部门接到一张订单,要求生产一批纸质垫圈。在生产过程中,按照工艺要求,需要使用一批小型压力机来冲 φ10mm 的纸质垫圈。于是,该垫圈厂定制了 10 台小型压力机,其尺寸如图 3-1～图 3-11 所示。压力机生产厂主管将压力机加工任务交给小艾,要求其在一个月之内完成任务。

小艾接到加工任务后,制订了加工方案,经部门主管审核后,选用必要的设备、工具和量具对小型压力机进行加工。加工完成后,小艾依照图样和技术要求检测零件,按规范放置零件后送检和签字确认,并填写相关表格(如设备运行记录等)。

学习内容

1. 压力机的结构及工作原理。
2. 普通铣床的结构及工作原理。
3. 小型压力机的加工工艺。
4. 铣床夹具的选用原则。
5. 外螺纹的加工方法。
6. 零件的装配。
7. 螺纹的检测方法。

 **活动一　接受加工任务**

学习目标

1. 能通过识读图样及派工单,明确工作内容和要求。
2. 能收集相关信息对图样进行分析。
3. 能表述压力机的结构组成和工作原理。
4. 能查阅相关资料(包括工作页、参考书、互联网等),学习普通铣床的操作规程,在教师指导下与团队成员共同编写加工方案。

 **学习地点**

机加工车间。

 **学习过程**

掌握以下资讯与决策，才能顺利完成任务

一、派发任务
根据生产需要填写派工单（见表3-1）。

表 3-1　派工单

日期：　　年　　月　　日

	开单部门		数量		派单人	
	接单部门		完成工时		接单人	
任务栏	零部件名称	要求完成日期	实际完成日期	审核结果	审核日期	审核人
备注	按照图样要求完成任务，并做好日常维护保养工作					

以下由接单人和确认方填写

领取材料		仓库管理员（签名）
领取工具		年　　月　　日
完成质量		班组长（签名） 年　　月　　日
用户意见		用户（签名） 年　　月　　日
改进措施		

二、分析图样

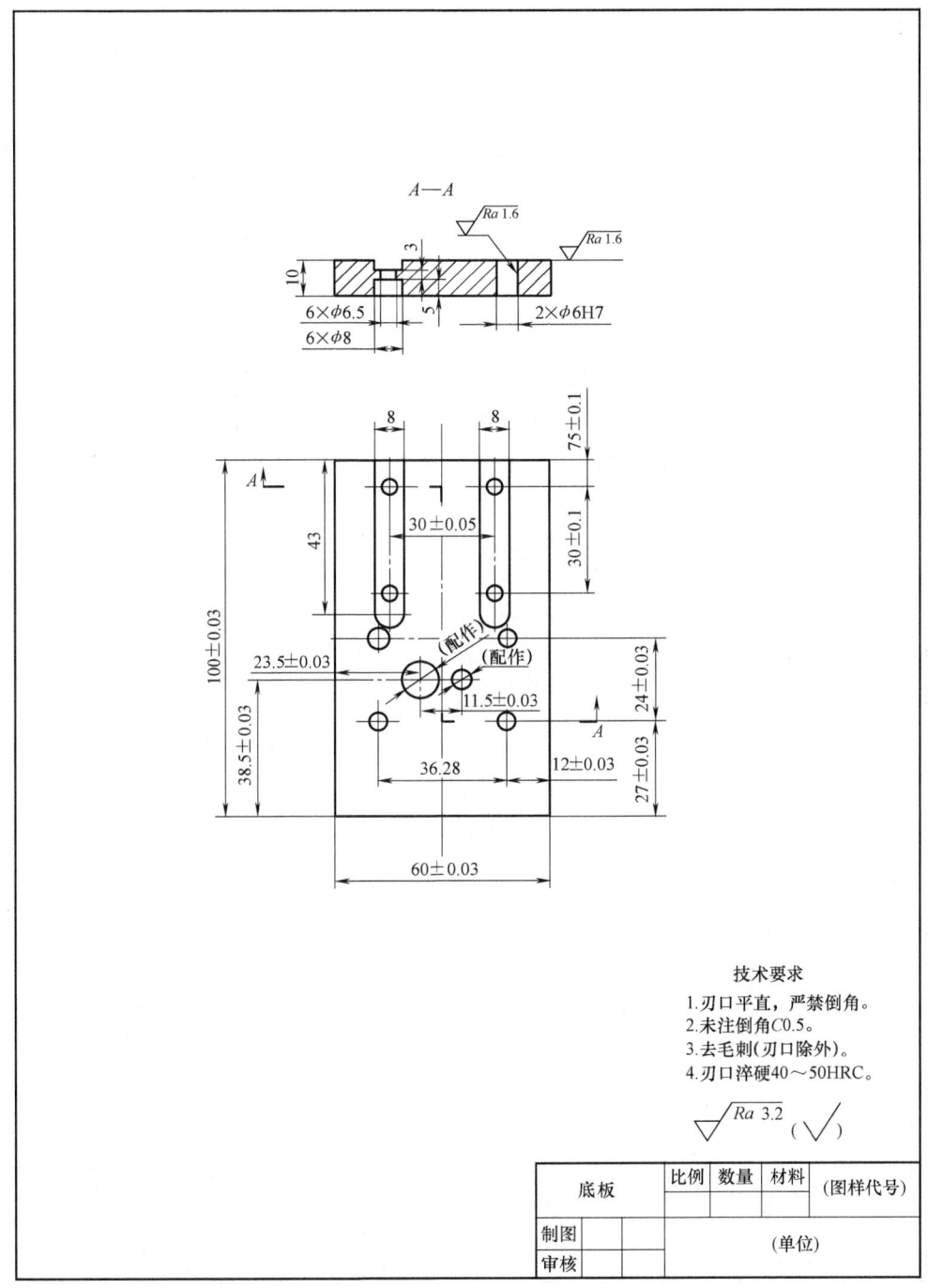

图 3-1　底板

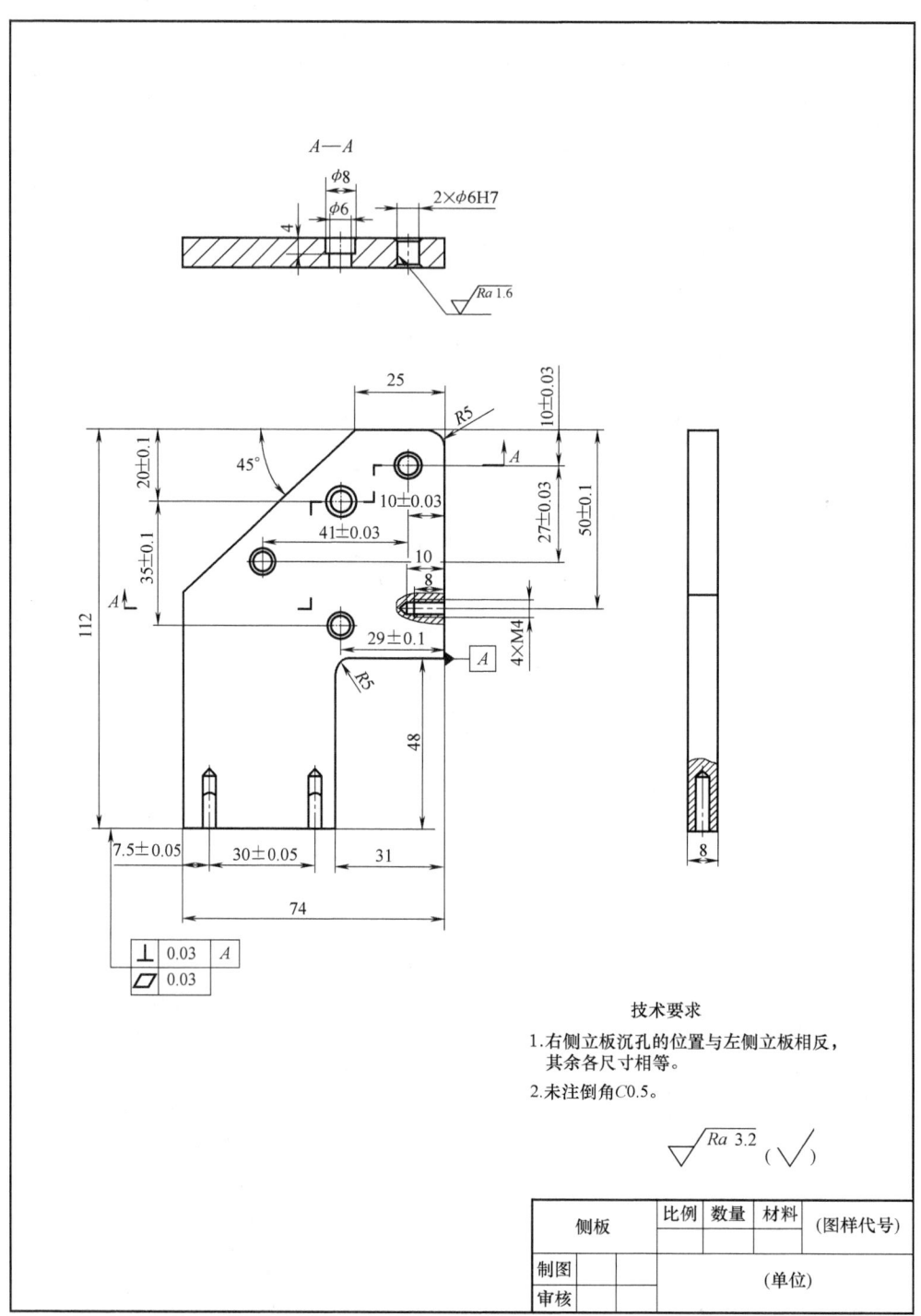

图 3-2 侧板

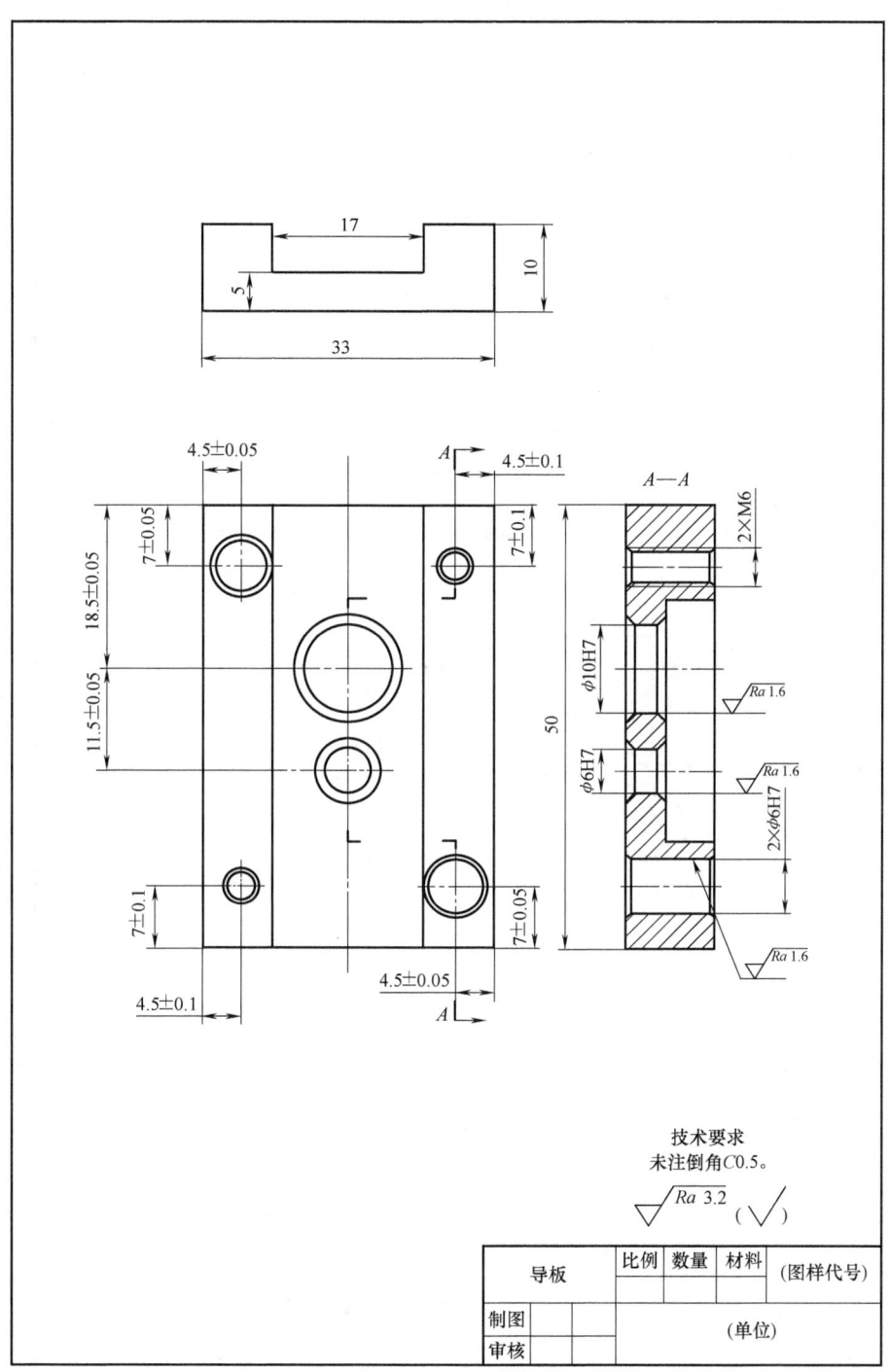

图 3-3 导板

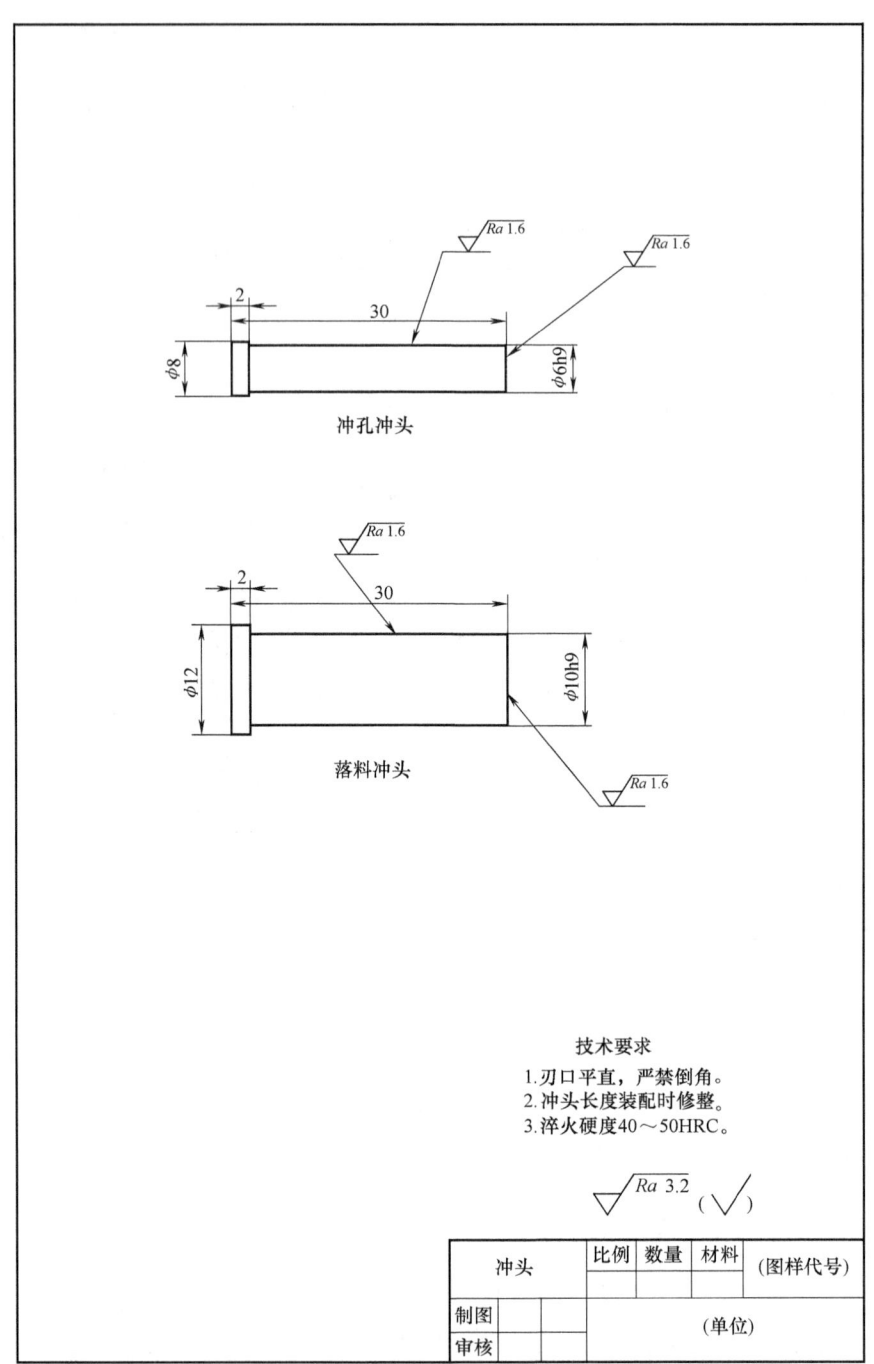

图 3-4 冲头

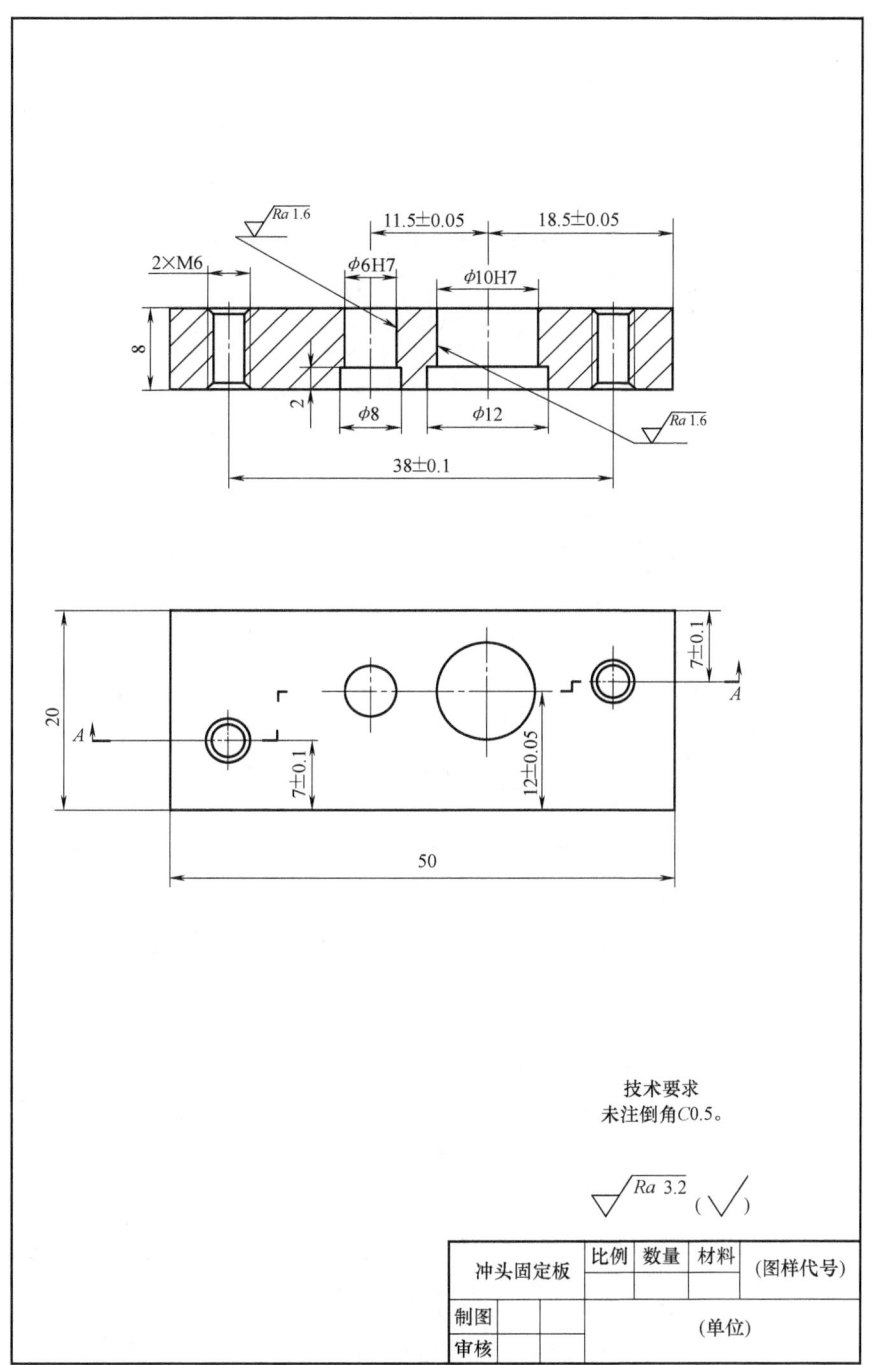

图 3-5 冲头固定板

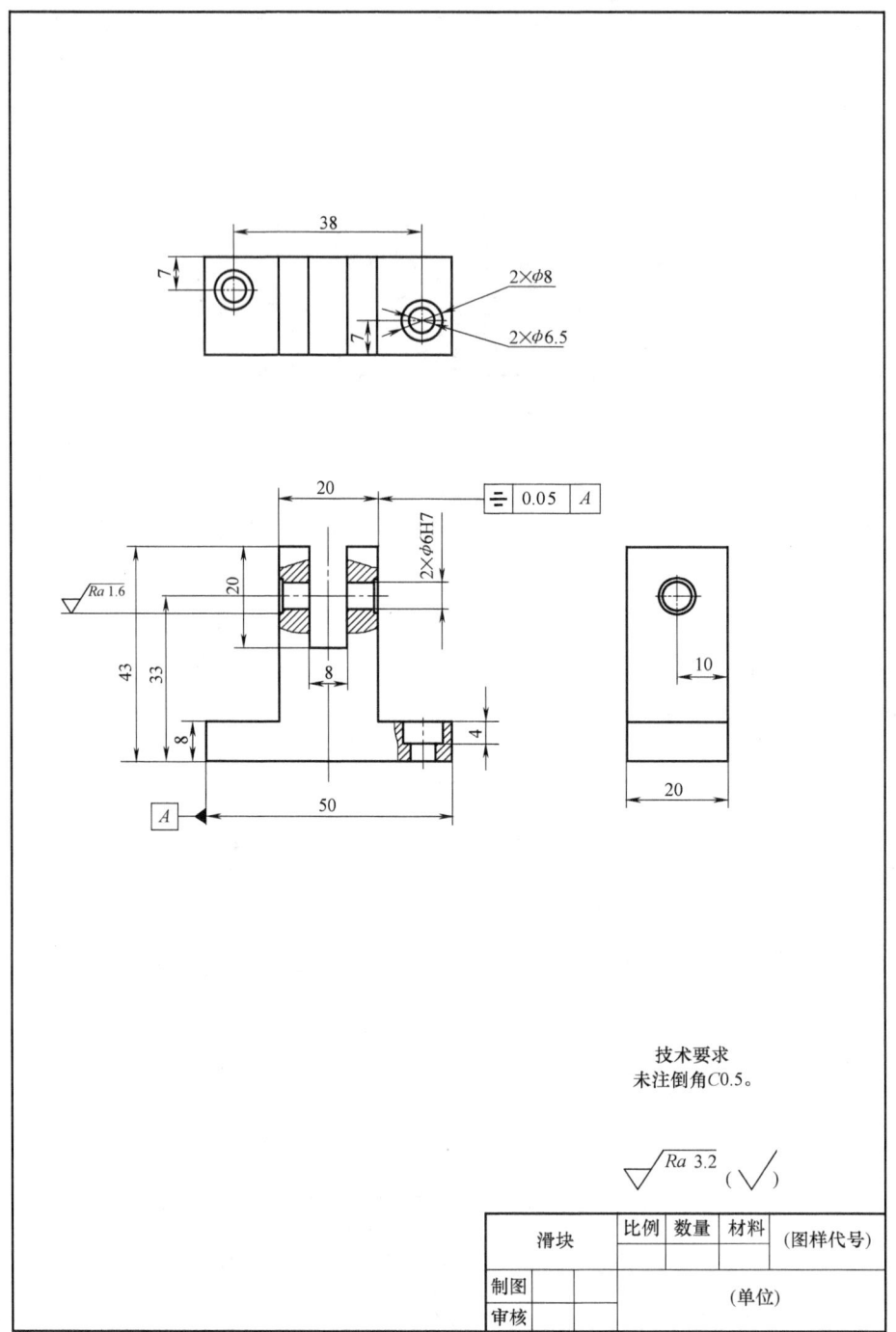

图 3-6 滑块

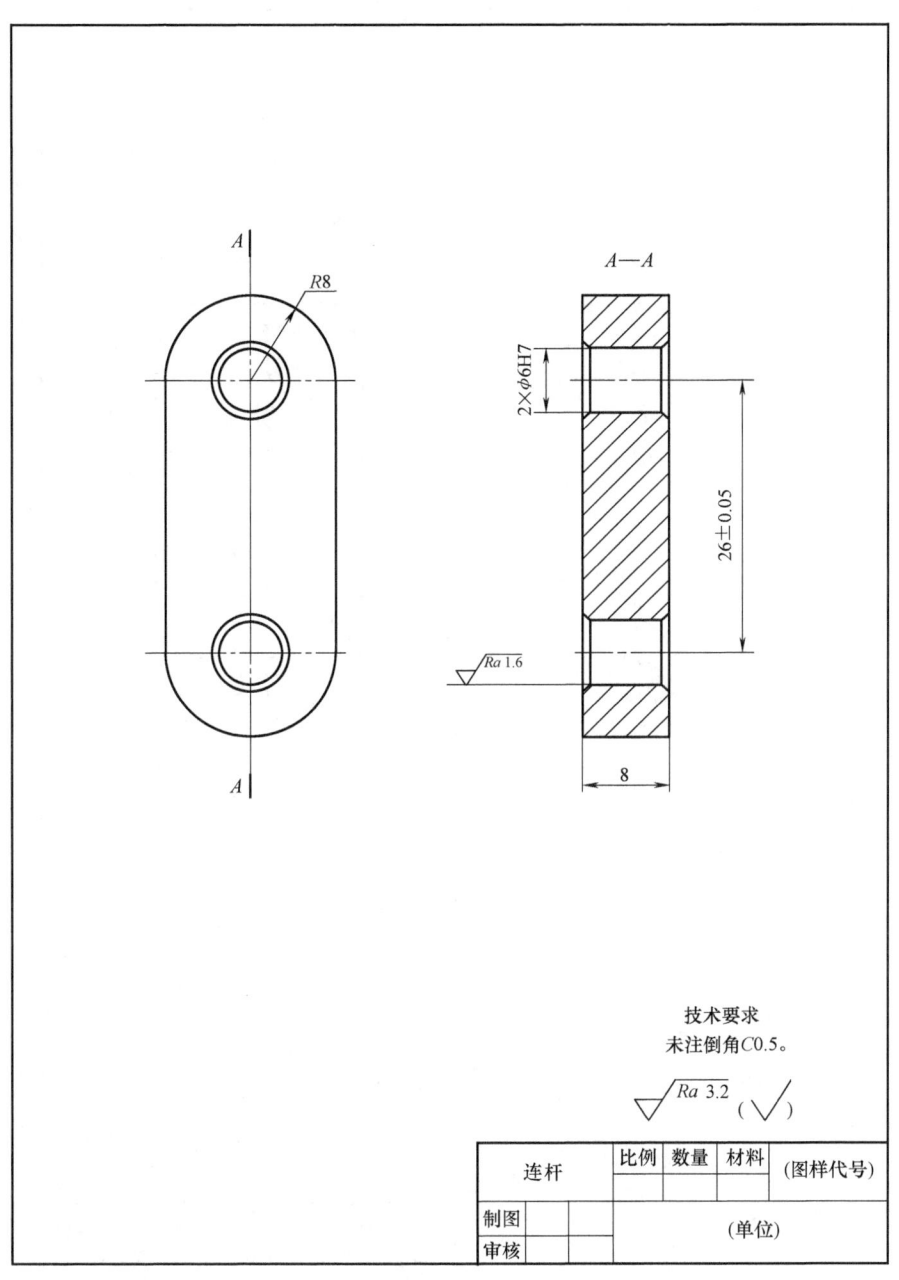

图 3-7　连杆

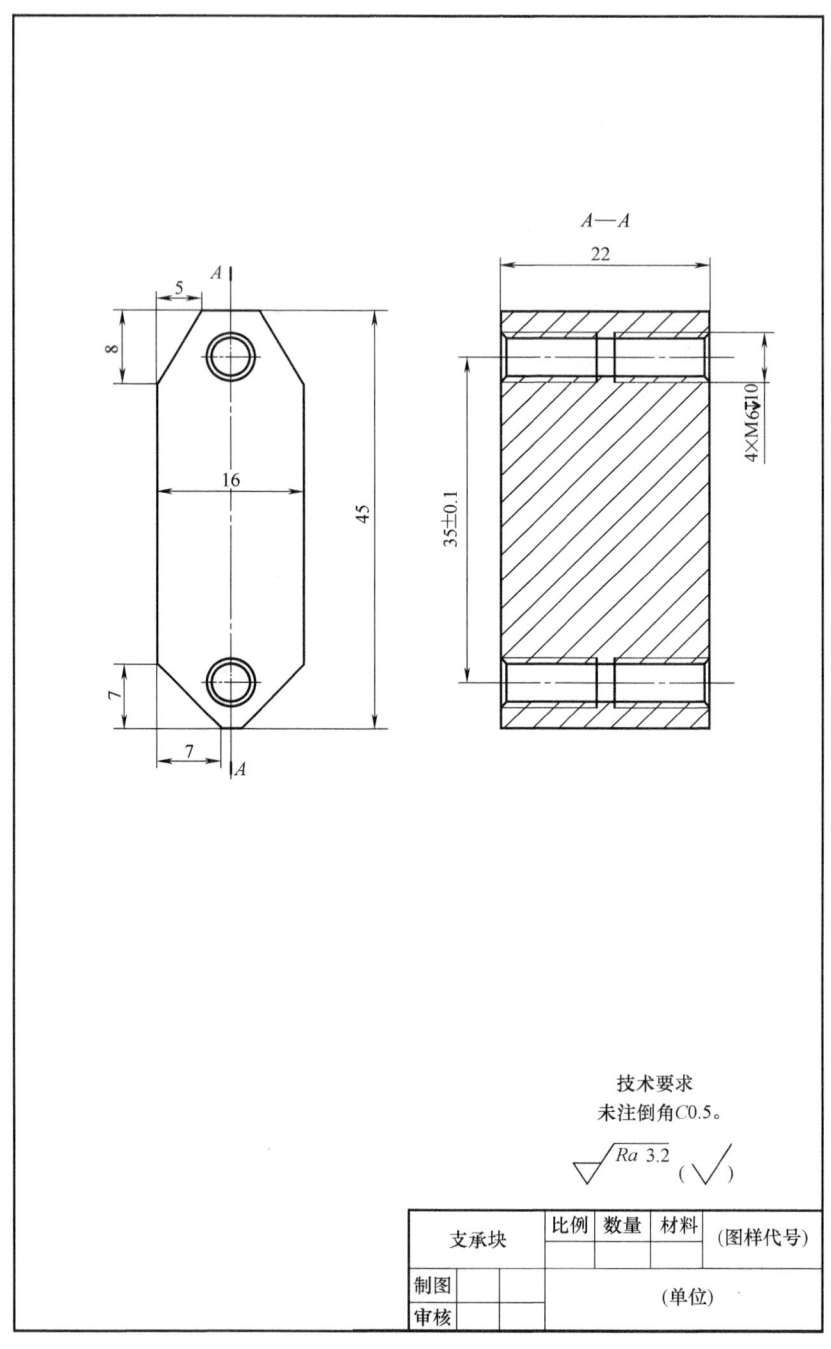

图 3-8 支承块

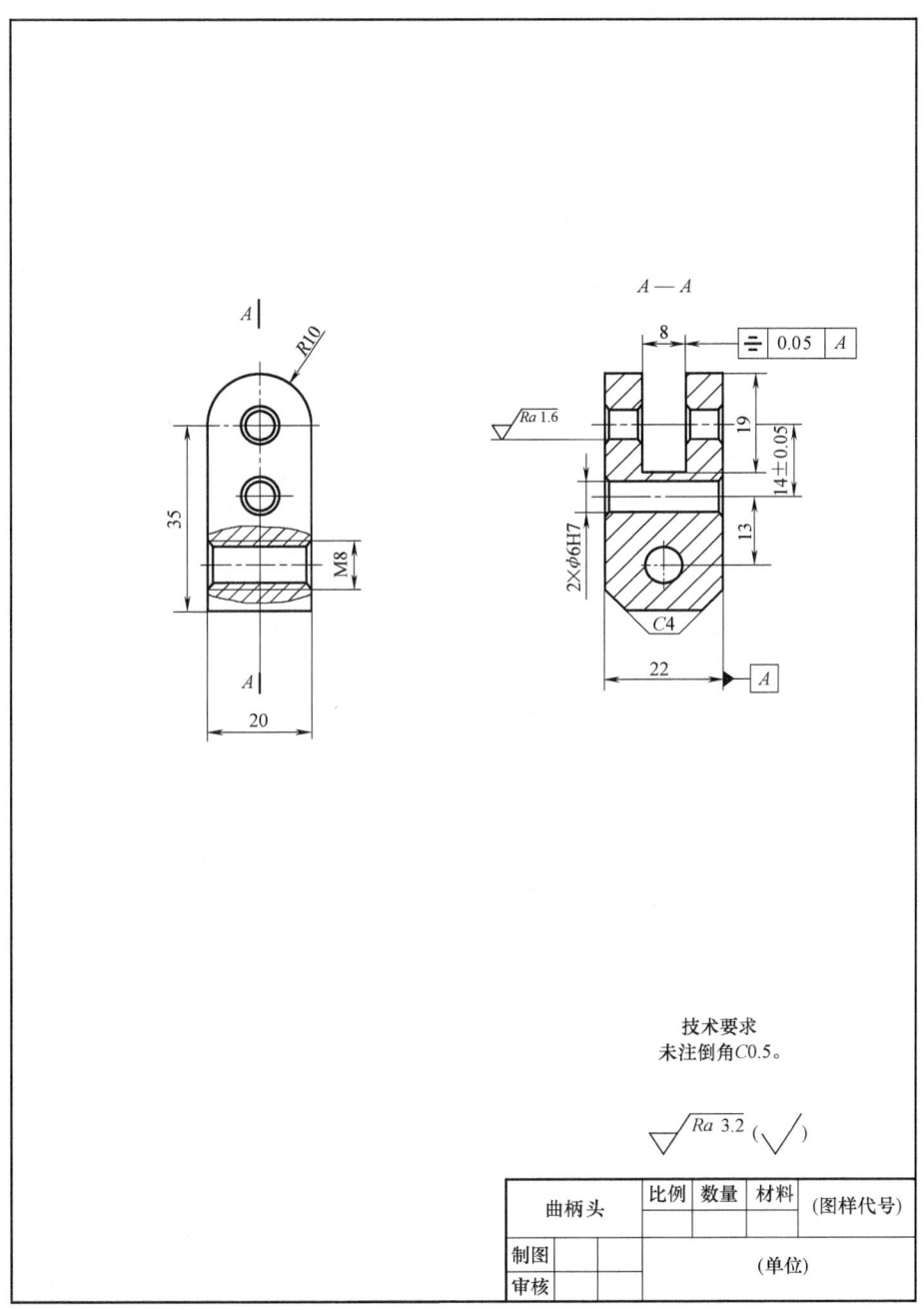

图 3-9 曲柄头

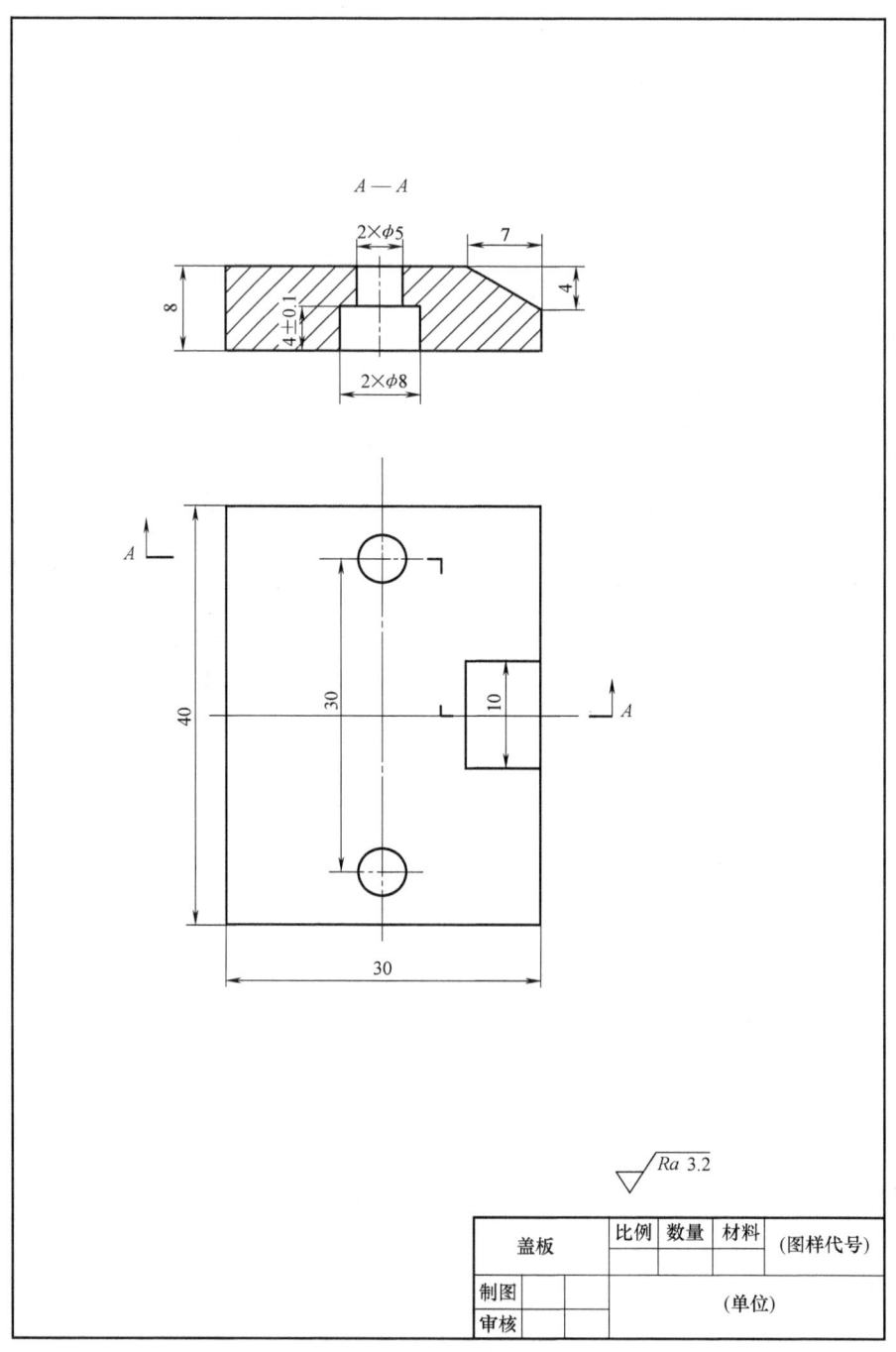

图 3-10 盖板

工作任务三 制作小型压力机

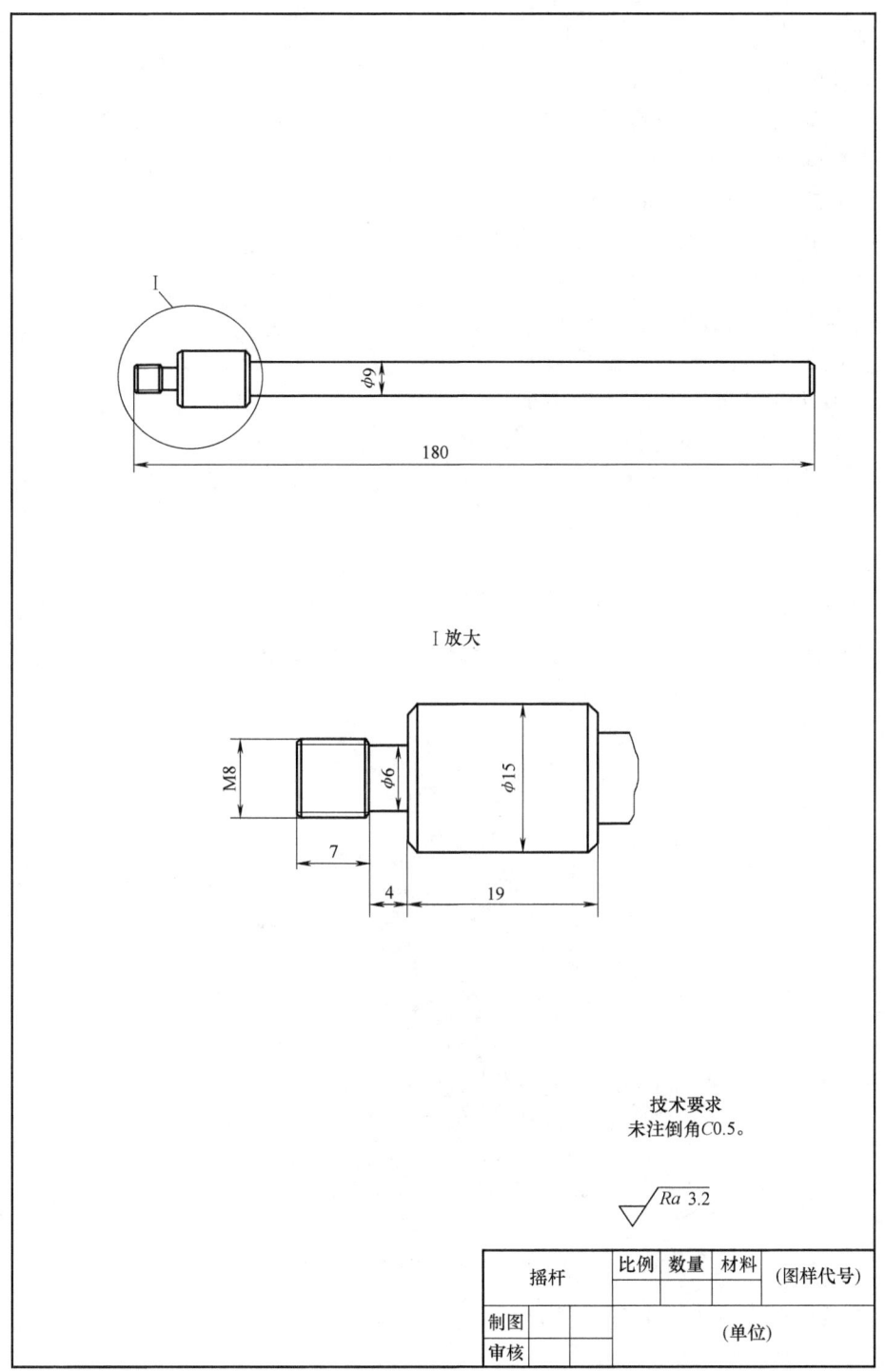

图 3-11 摇杆

三、压力机的工作原理

压力机（图3-12）的工作原理是将圆周运动转换为直线运动，即由主电动机带动飞轮，经离合器带动齿轮、曲轴（或偏心齿轮）、连杆等运转，最终实现滑块的直线运动。其中，从主电动机到连杆的运动为圆周运动。

连杆和滑块之间需要有圆周运动和直线运动的转接点，其在设计上大致有两种机构：一种为球型，另一种为销型（圆柱型），经由这两种机构将圆周运动转换成滑块的直线运动。压力机对材料施以压力，使其发生塑性变形，从而得到要求的形状与精度。因此，必须配制一组模具（分凸模与凹模），将材料置于其间，由机器施加压力使材料变形，加工时施加于材料上的力所造成的反作用力，由压力机机械本体所吸收。

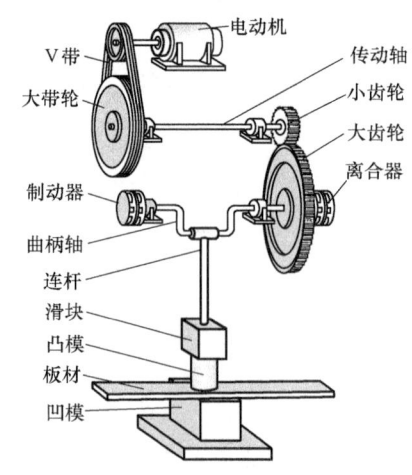

图 3-12　压力机的结构

> 想一想

1. 根据产品的特点，从经济、结构、材料等多方面入手确定小型压力机的结构；查阅相关资料，将如图3-13所示小型压力机的部件名称填到相应位置处。

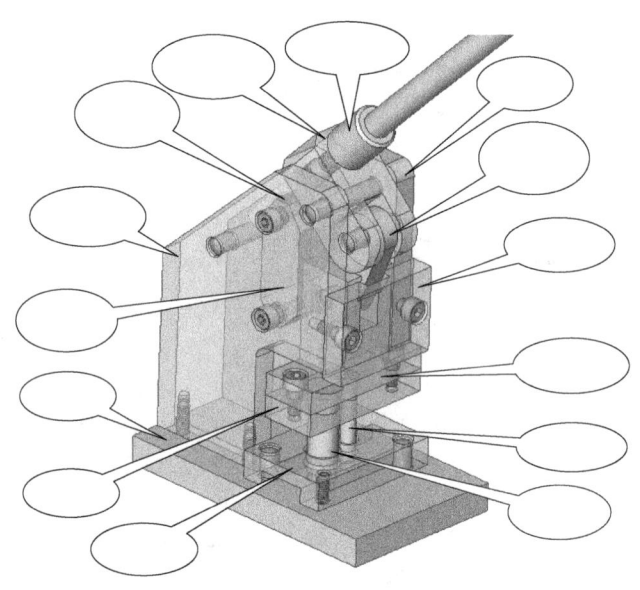

图 3-13　小型压力机

2. 简单描述小型压力机的工作原理。

答：

活动二　制订加工方案

学习目标

1. 能正确选择铣削方式。
2. 能表述普通铣床的结构组成和基本原理。
3. 能分析产品加工工艺，并正确选择刀具。
4. 能制订合理的工作计划。
5. 能制订小型压力机的加工工艺。

学习地点

机加工车间。

学习过程

掌握以下资讯与决策，才能顺利完成任务

一、6S 管理及安全教育

1. 回顾 6S 过程的内容，回答以下问题。

1S——整理的意义：

2S——整顿的意义：

3S——清扫的意义：

4S——清洁的意义：

5S——素养的意义：

6S——安全的意义：

2. 结合车间内的安全标识和指示牌总结铣床安全操作规程的要点。
答：

二、普通铣床的结构和工作原理

1. 铣床的用途和结构

铣床是一种用途广泛的机床，可以用来加工平面（水平面、垂直面）、沟槽（键槽、T形槽、燕尾槽等）、分齿零件（齿轮、花键轴等）、螺旋形表面（螺纹、螺旋槽等）及各种曲面。此外，还可以在铣床上加工回转体表面、内孔及进行切断工作等。

铣床工作时，工件装夹在工作台上或分度头等附件上，铣刀的旋转为主运动，辅以工作台或铣头的进给运动，工件即可获得所需的加工表面。由于是多刀断续切削，因而铣床的生产率较高。普通铣削加工能达到的公差等级为IT9~IT7，表面粗糙度值为 $Ra6.3~1.6\mu m$；高速铣削的公差等级可达IT7~IT6，表面粗糙度值可达 $Ra1.6~0.4\mu m$。

铣床型号的表示方法如下：

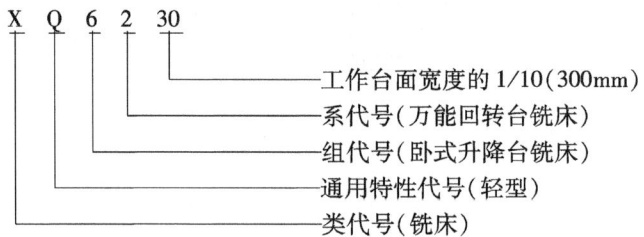

想一想

将提供的部件名称填入图3-14相应方框中。

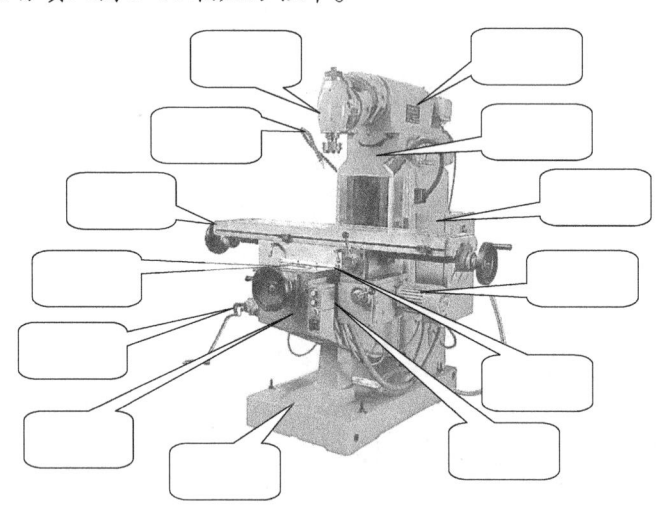

图3-14 XQ6230万能铣床

1—主轴电动机 2—主轴 3—照明灯 4—冷却系统 5—床身 6—机床电源柜 7—横向工作台 8—纵向工作台 9—升降手柄 10—横向自动步进手柄 11—纵向自动步进手柄 12—电源控制开关 13—底座

2. 铣削要素

（1）背吃刀量 a_p　平行于铣刀轴线测量的切削层尺寸，如图 3-15 所示。

（2）侧吃刀量 a_e　垂直于铣刀轴线测量的切削层尺寸，如图 3-15 所示。

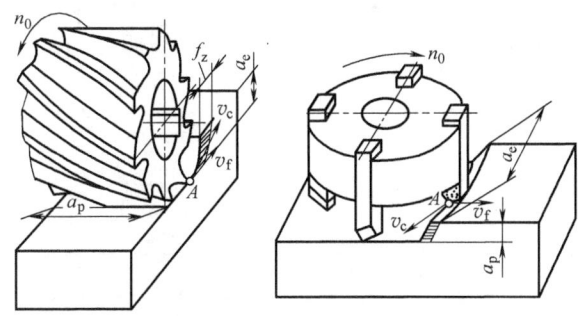

图 3-15　铣削用量

（3）铣削速度 v_c（m/min）　铣刀主运动的线速度为

$$v_c = \frac{\pi d_0 n_0}{1000}$$

式中　d_0——铣刀直径（mm）；

　　　n_0——铣刀转速（r/min）。

铣削的切削速度也可参考表 3-2 选取。

表 3-2　铣削切削速度

工件材料	铣削速度 v_c/(m/min)		工件材料	铣削速度 v_c/(m/min)	
	高速工具钢铣刀	硬质合金铣刀		高速工具钢铣刀	硬质合金铣刀
20 钢	20~45	150~250	黄铜	30~60	120~200
45 钢	20~45	80~220	铝合金	112~300	400~600
40Cr	15~25	60~90	不锈钢	16~25	50~100
HT150	14~22	70~100			

（4）进给量与进给速度　进给量是指工件与铣刀在进给方向上的相对位移量。

1）每齿进给量 f_z（mm/z）。铣刀每转过一个刀齿，工件与铣刀沿进给方向的相对位移量，其选取见表 3-3。

表 3-3　每齿进给量参考值

工件材料	每齿进给量 f_z/(mm/z)			
	粗铣		精铣	
	高速工具钢铣刀	硬质合金铣刀	高速工具钢铣刀	硬质合金铣刀
钢	0.10~0.15	0.10~0.25	0.02~0.05	0.10~0.15
铸铁	0.12~0.20	0.15~0.30		

2）每转进给量 f（mm/r）。铣刀每转一转，工件与铣刀沿进给方向的相对位移量。

3）进给速度 v_f（mm/min）。单位时间内，工件与铣刀沿进给方向的相对位移量。

以上各参数的关系为

$$v_f = fn = f_z zn$$

3. 铣削方式

铣削方式有周铣法和端铣法。周铣是指利用分布在铣刀圆柱面上的切削刃来形成表面，又可分为逆铣和顺铣。逆铣（图 3-16a）是指铣刀切入工件时的切削速度方向与工件的进给方向相反；顺铣（图 3-16b）是指铣刀切入工件时的切削速度方向与工件的进给方向相同。逆铣和顺铣的区别见表 3-4。

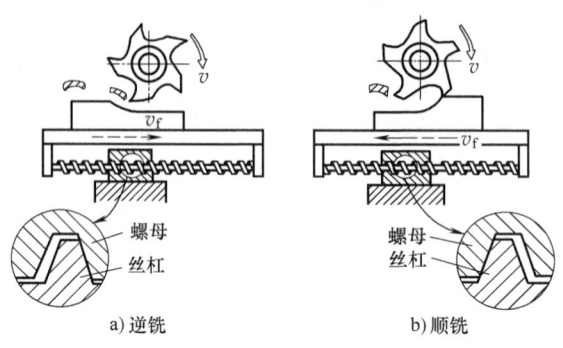

图 3-16 铣削方式

表 3-4 逆铣和顺铣的区别

	逆铣	顺铣
切削运动	切削方向与进给方向相反	切削方向与进给方向相同
切削厚度	0→最大	最大→0
刀具磨损	初期有滑动摩擦,磨损快	刀齿易切入,寿命长
作用力(图 3-17)	垂直分力使工件上抬,不利于夹紧工件 水平分力与进给方向反向,消除了丝杠间隙,进给平稳	垂直分力使工件下压,有利于夹紧工件 水平分力与进给方向同向,由于丝杠有间隙,工作台会前窜,造成啃刀或打刀
表面质量	表面粗糙	表面光滑
使用情况	常用	无间隙进给机床采用

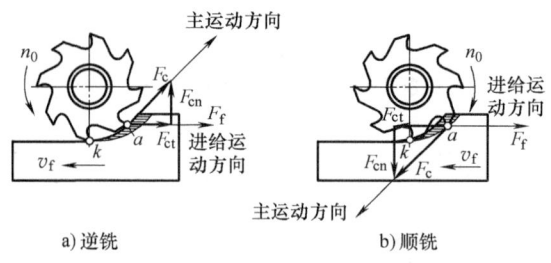

图 3-17 铣削作用力

4. 铣削加工的特点

1) 使用旋转的多齿刀具加工工件，有数个刀齿同时参与切削，因此生产率较高。

2) 容屑和排屑效果好，刀齿散热条件好。

3) 同一个被加工表面可以采用不同的铣削方式。

4) 切削过程不平稳，容易引起机床振动。每个刀齿的切削过程是断续的，且每个刀齿的切削厚度不断发生变化，进给力也相应发生变化。

要求铣床在结构上有较好的刚性和抗振性。

想一想

查阅资料或通过互联网搜索完成表3-5。

表3-5 铣削方式

序号	铣削类型	铣削描述	加工精度	备注
1			IT9～IT8	
			Ra6.3～Ra1.6μm	
2			IT9～IT8	
			Ra6.3～1.6μm	
3			IT9～IT8	
			Ra6.3～1.6μm	
4			IT9～IT8	
			Ra3.2～1.6μm	
5			IT7～IT6	
			Ra1.6～0.4μm	
6			IT12～IT9	
			Ra6.3～3.2μm	
7			IT9～IT8	
			Ra3.2～1.6μm	
			Ra1.6～0.4μm	

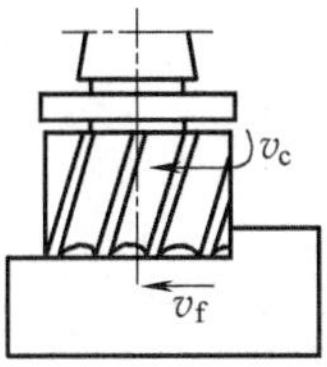

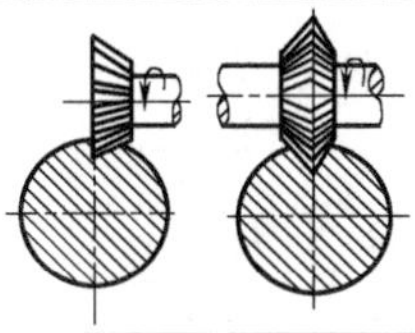

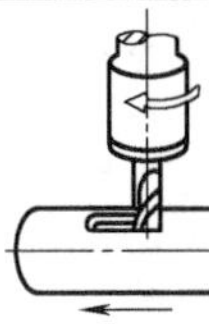

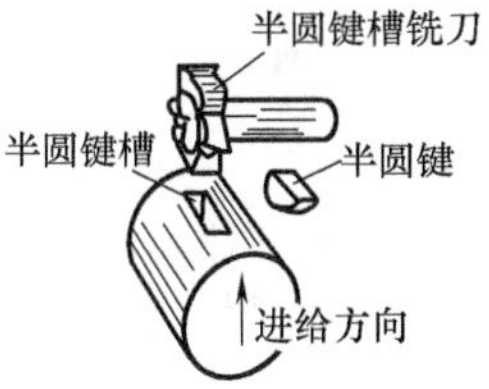

（续）

序号	铣削类型	铣削描述	加工精度	备注
8			IT10 ~ IT8	
			$Ra3.2 ~ 1.6\mu m$	
9			IT9 ~ IT8	
			$Ra6.3 ~ 1.6\mu m$	
10			IT8 ~ IT7	
			$Ra3.2 ~ 1.6\mu m$	
11			IT10 ~ IT8	
			$Ra6.3 ~ 3.2\mu m$	
12			IT9 ~ IT8	
			$Ra3.2 ~ 1.6\mu m$	
13			IT9 ~ IT8	
			$Ra6.3 ~ 3.2\mu m$	
14			IT9 ~ IT8	
			$Ra6.3 ~ 1.6\mu m$	
15			IT9 ~ IT8	
			$Ra1.6 ~ 0.4\mu m$	

三、制订小型压力机加工工艺

将小型压力机的加工工艺填入表3-6。

表3-6 小型压力机加工工艺

序号	加工工序	设备	刀具	量具	铣削用量			备注
					主轴转速	进给量	背吃刀量	
1								
2								
3								
4								
5								
6								
7								
8								
9								
10								
11								
12								
13								
14								

活动三 加 工

学习目标

1. 能合理装夹零件。
2. 能熟练操作铣床。
3. 能进行平面、斜面和T形槽的加工。
4. 能正确车削普通外螺纹。

5. 能合理使用装配工具。

机加工车间。

掌握以下资讯与决策，才能顺利完成任务

一、铣床夹具的选用

在铣削加工中，往往把夹具安装在铣床工作台上，工件连同夹具随工作台作进给运动，如图3-18所示。根据工件的进给方式，一般可将铣床夹具分为直线进给式和圆周进给式两种类型。

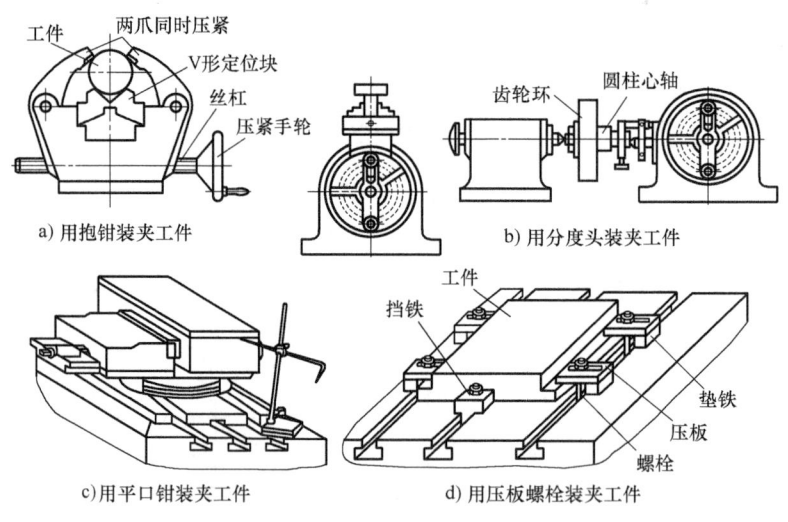

a) 用抱钳装夹工件　　b) 用分度头装夹工件
c) 用平口钳装夹工件　　d) 用压板螺栓装夹工件

图3-18　装夹形式

1. 直线进给式铣床夹具

直线进给式铣床夹具在铣削加工中随铣床工作台作直线进给运动。图3-19所示为双工位直线进给铣床夹具。夹具1、2安装在双工位转台3上，当夹具1工作时，可以在夹具2上装卸工件。夹具1上的工件加工完毕后，可将工作台5退出，然后将工位转台转180°，这样便可以对夹具2上的工件进行加工，同时可在夹具1上装卸工件。

2. 圆周进给式铣床夹具

圆周进给式铣床夹具常用于具有回转工作台的铣床上，工件连同夹具随工作台作连续、缓慢的回转进给运动，不需要停车就可装卸工件。图3-20所示为一圆周进给式铣床夹具。工件1依次装夹在沿回转工件台3圆周位置安装的夹具上，铣刀2不停地铣削，回转工作台3作连续的回转运动，将工件依次送入切削。此例是用一个铣刀头加工的，根据加工要求，

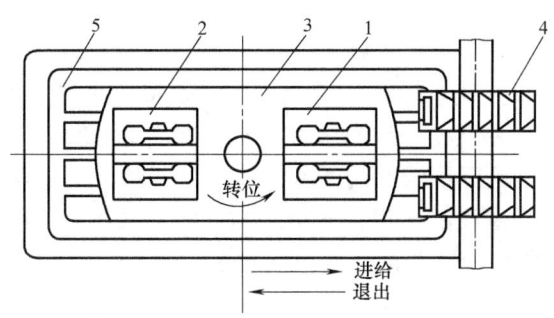

图 3-19 双工位直线进给式铣床夹具
1、2—夹具 3—双工位转台 4—铣刀 5—工作台

也可用两个铣刀头同时进行粗、精加工。

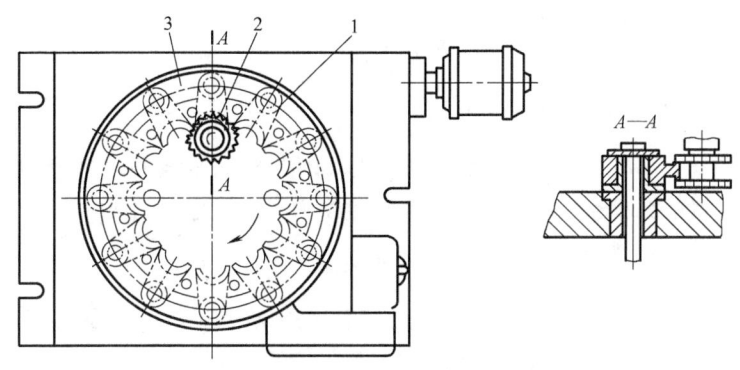

图 3-20 圆周进给式铣床夹具
1—工件 2—铣刀 3—回转工作台

想一想

1. 根据小型压力机各工件的特点选择正确的装夹方式，并简述其装夹要点。
答：

2. 装夹完毕后，如何检测装夹水平面的垂直度误差？
答：

二、普通外螺纹的加工

1. 普通螺纹的参数

（1）公称直径（D、d）　代表螺纹尺寸的直径，如 M24 的公称直径为 24mm。

（2）螺距（P）　相邻两牙在中径线上对应两点间的轴向距离。

（3）导程（P_h）　同一条螺旋线上的相邻两牙在中径线上对应两点间的轴向距离。单线螺纹的导程等于螺距，多线螺纹的导程等于螺距与线数的乘积，如图 3-21 所示。

（4）外螺纹大径（顶径，d）与实际车削大径的关系

$$d_{实际} = d - (0.1 \sim 0.2)\text{mm}$$

（5）外螺纹小径（底径，d_1）与大径的关系

$$d_1 = d - (1.2 \sim 1.3)P$$

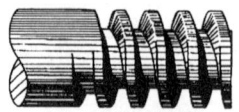

a）单线螺纹

（6）内螺纹大径（底径，D）与实际车削大径的关系

$$D_{实际} = D + 0.1\text{mm}$$

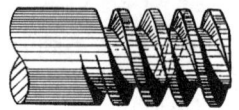

b）双线螺纹

（7）内螺纹小径（孔径，D_1）与大径的关系

$$D_1 = D - (1 \sim 1.05)P$$

图 3-21　螺纹导程

（8）中径（d_2、D_2）　一个假想圆柱的直径，该圆柱的素线通过牙形上沟槽和凸起宽度相等的地方。同规格的外螺纹中径（d_2）和内螺纹中径 D_2 的公称尺寸相等，其公式为

$$d_2(D_2) = d - 0.6495P$$

（9）理论高度（H）　螺纹理论剖面形状（等边或等腰三角形）的高度。

（10）工作高度（h）　内螺纹与外螺纹接触的高度，其公式为

$$h = 0.54P$$

（11）螺纹的实际切削深度（h'）

$$h' = 0.65P$$

2. 普通外螺纹车刀的几何角度

要车好螺纹，必须正确刃磨螺纹车刀。螺纹车刀按加工性质属于成形刀，其切削部分的形状应与螺纹牙型轴向剖面的形状相符合，即车刀的刀尖角应等于牙型角，如图 3-22 所示。

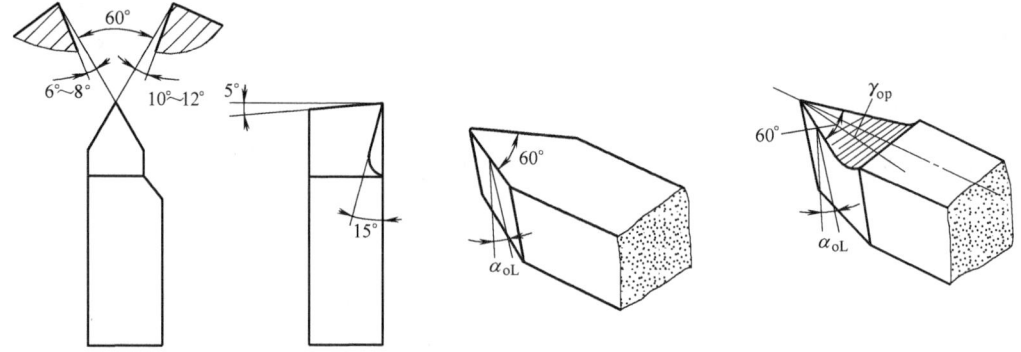

图 3-22　60°外螺纹车刀

刃磨螺纹车刀的要求如下：
1) 刀尖角等于牙形角。车削普通螺纹时为60°，车削寸制螺纹时为55°。
2) 左、右切削刃必须成直线，无崩刀现象。
3) 精车径向前角必须为 $\gamma_{op}=0°$，粗车径向前角一般为 $\gamma_{op}=0°\sim 5°$。
4) 后角一般为 $\alpha_o=5°\sim 10°$，因受螺纹升角的影响，对于导程大的螺纹，其进刀方向一面的后角应磨得稍大些。

3. 螺纹车刀的安装

安装螺纹车刀时，刀尖必须严格对正工件中心（可根据尾座顶尖高度进行检查）。车刀刀尖角的对称中心线必须与工件轴线垂直，装刀时可用样板对刀，如图3-23a所示；如果车刀装歪了，就会产生如图3-23b所示的牙形歪斜。刀头伸出不要过长，一般为20~25mm（约为刀柄厚度的1.5倍）。

4. 三角形螺纹的车削方法

(1) 直进法　如图3-24a所示，采用直进法车削螺纹时，螺纹车刀刀尖及左、右切削刃都参加切削工作。

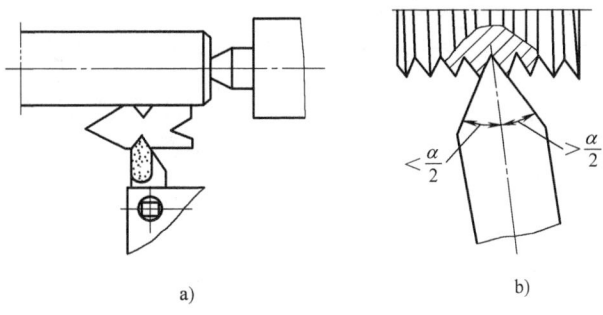

图3-23　刀具的找正

每次切削由中拖板作径向进给，随着螺纹深度的增加，背吃刀量相对减小。这种切削方法操作简单，可以得到比较正确的牙形；但螺纹表面粗糙度值较大，适合初学者。

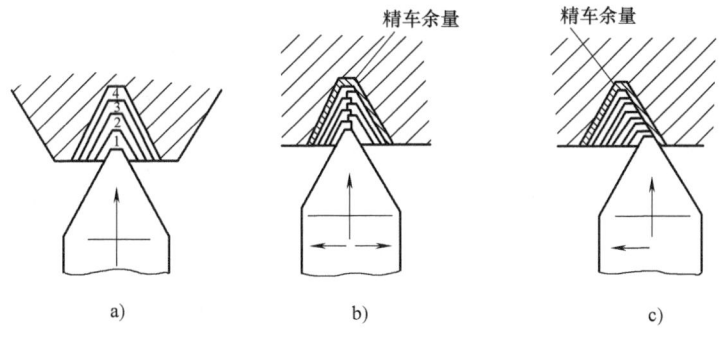

图3-24　进刀方式

(2) 左右切削法和斜进法，采用左右切削法车削螺纹时，除了用中拖板刻度控制车刀的径向进给外，同时使用小拖板的刻度使车刀左、右微量进给，如图3-24b所示。采用左右切削法时，要合理分配切削余量。粗车时也可以采用斜进法（图3-24c），向走刀方向偏移，一般每边留精车余量0.2~0.3mm。精车时，为了使螺纹两侧面都比较光洁，当一侧面车光以后，再将车刀偏移至另一侧面进行车削；两侧面均车光后，将车刀移到中间把牙底部车光，保证牙底清晰。精车时，应采用较低的切削速度和较小的背吃刀量。

5. 普通外螺纹的车削步骤

1）车削外圆。

2）把车床的主轴速度调整到低速（25～50r/min）。

3）变换手柄位置，一般按工件螺距在进给箱铭牌上找到交换齿轮的手柄位置，并把手柄拨到所需位置上。注意：变换手柄位置前应打开交换齿轮箱，检查交换齿轮的位置是否符合要求。

4）调整中、小滑板间隙，不能太松也不能太紧。太紧操作不灵活；若太松，则车削螺纹时容易产生"扎刀"。

5）合上溜板箱的开合螺母。

6）空车练习车削螺纹动作，注意中、大拖板的退刀动作要协调。

7）试车。记住车刀刚接触工件时中拖板的刻度，检测螺距 P 是否正确。

8）车至螺纹的深度约为 $0.65P$。

9）检测尺寸。

想一想

1. 根据自己刃磨螺纹车刀的情况，简述刃磨外螺纹车刀的要点。

答：

2. 测量所加工螺纹，分析其存在的问题及产生问题的原因。

答：

3. 如何避免螺纹出现乱扣现象。

答：

三、零件的装配

1. 读图

阅读零件图样（图3-25和图3-26），了解小型压力机各部件的特点及装配要求。

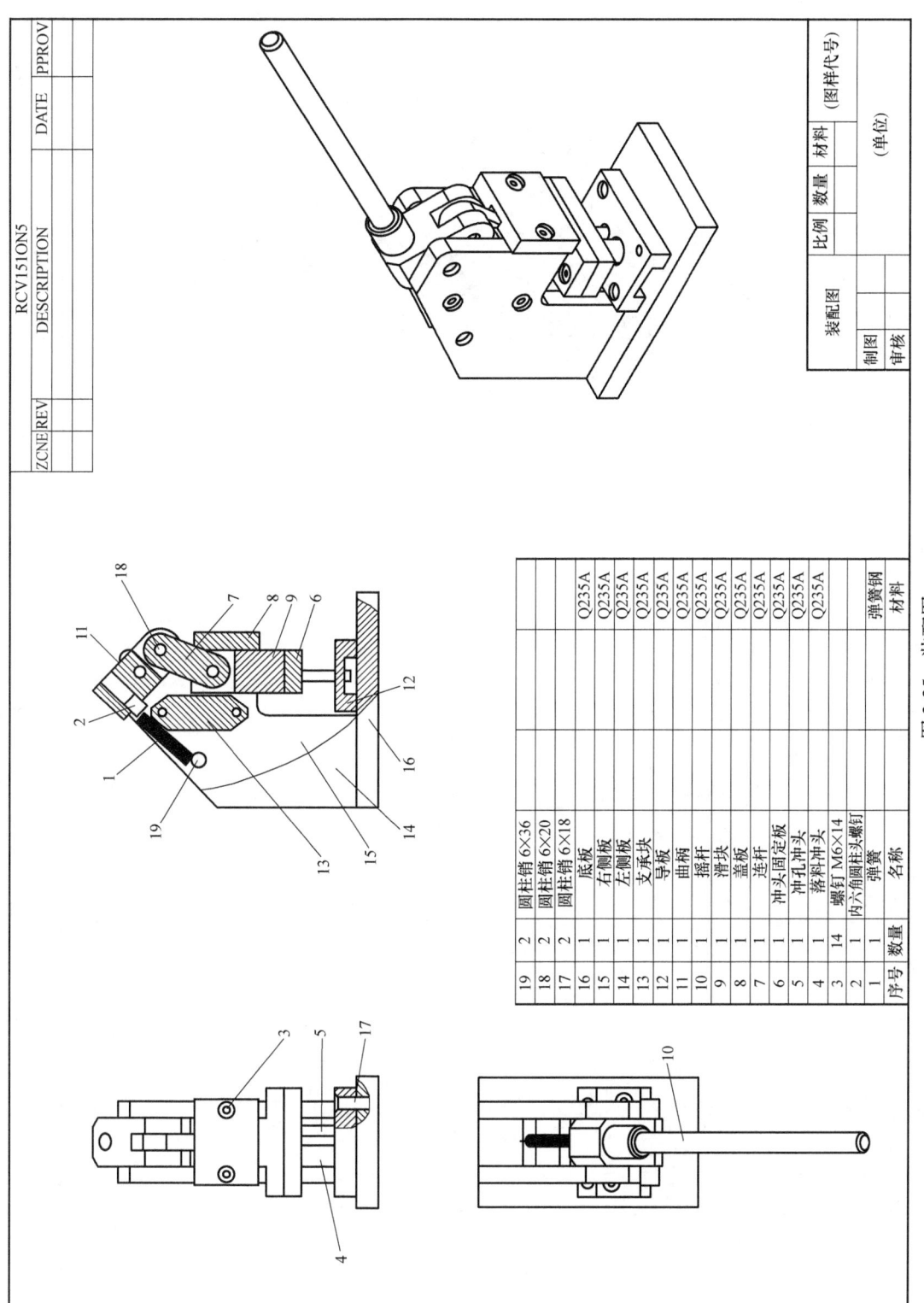

图 3-25 装配图

零件的普通加工

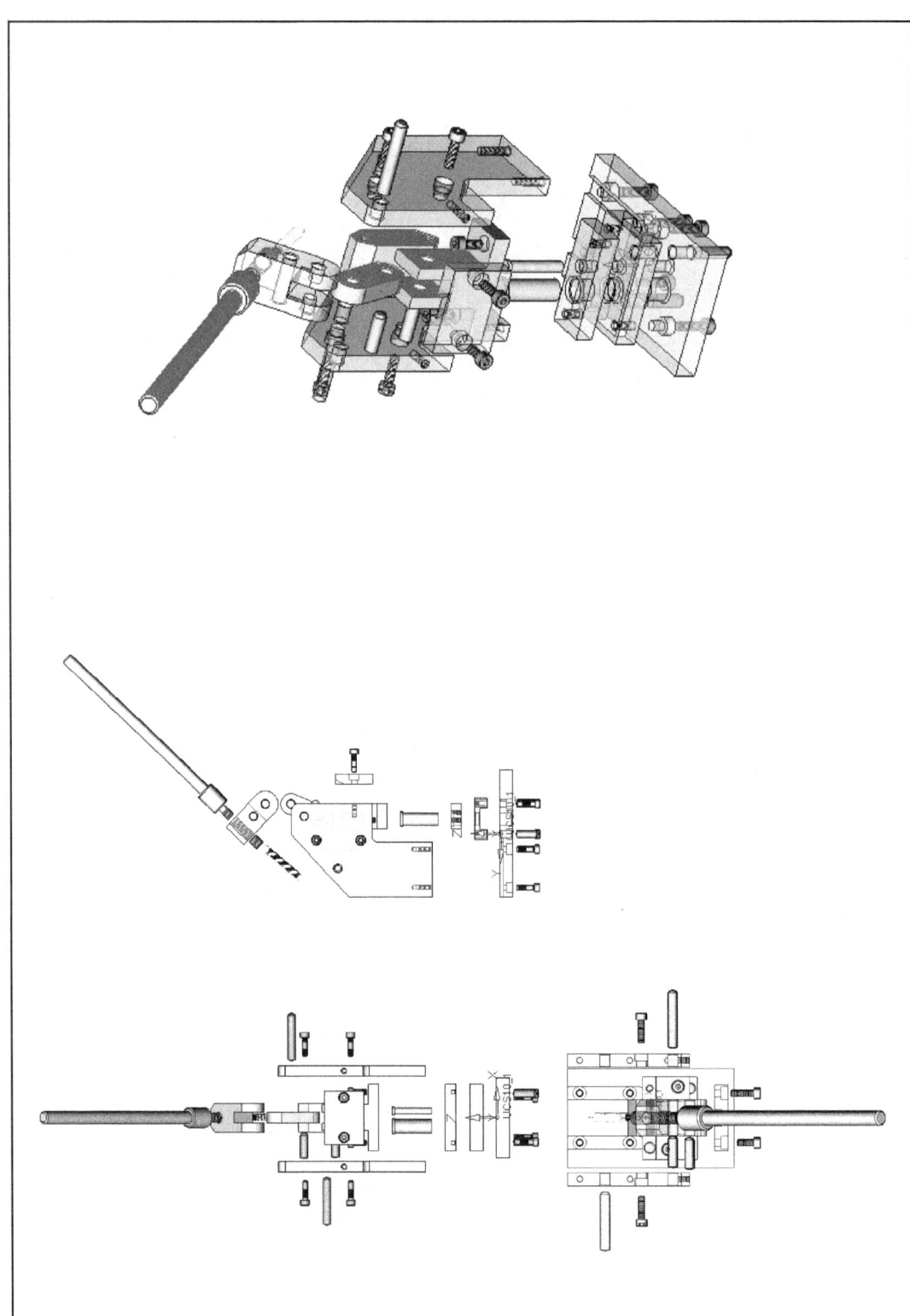

图 3-26 装配爆炸图

2. 装配小型压力机（见表3-7）

表3-7 小型压力机的装配步骤

装配步骤	装配零件的名称	工具、量具	装配要求	图示
底板与导板的装配	底板、导板	工具：内六角匙、铜锤、锉刀 量具：直角尺、游标卡尺	1）装配完毕，保证导板与底板的垂直度误差不大于0.08mm 2）相配合的圆柱销在配合过程中应没明显的阻滞	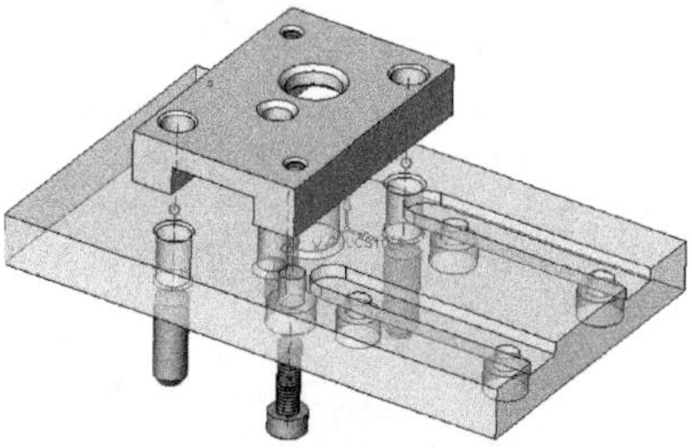
		工具： 量具：		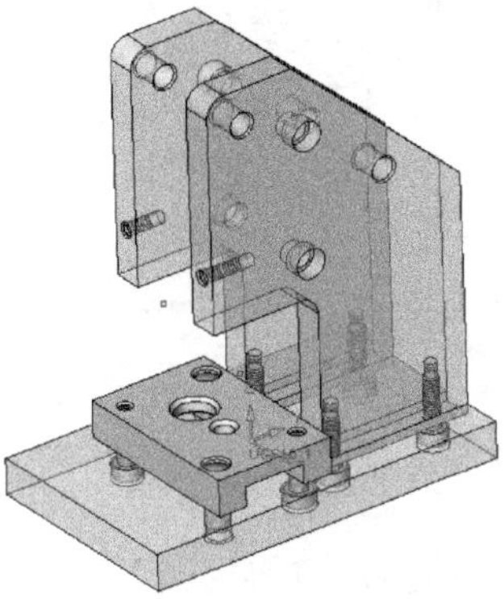
		工具： 量具：		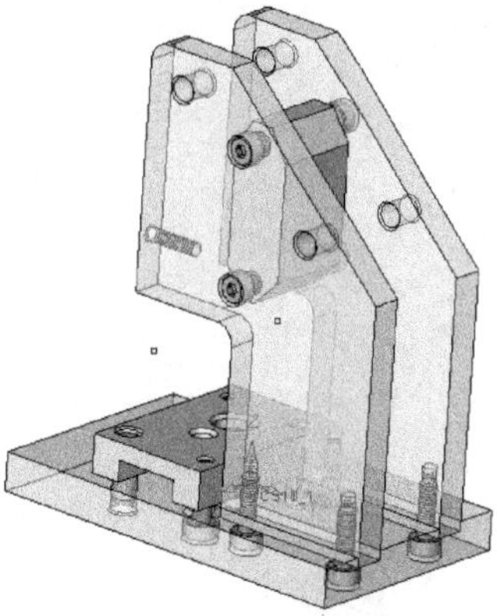
		工具： 量具：		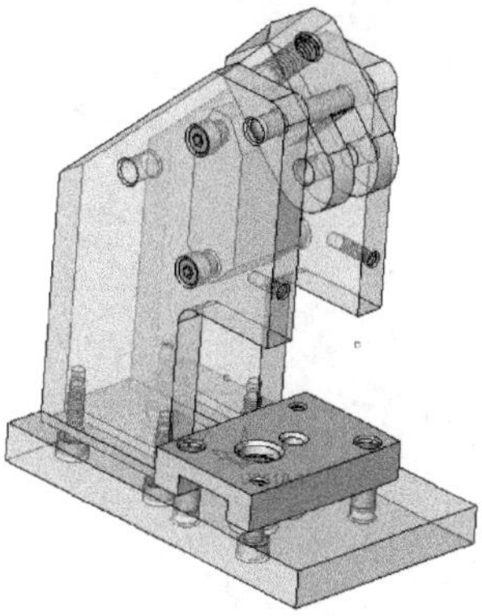

（续）

装配步骤	装配零件的名称	工具、量具	装配要求	图示
		工具：		
		量具：		
		工具：		
		量具：		
		工具：		
		量具：		
		工具：		
		量具：		

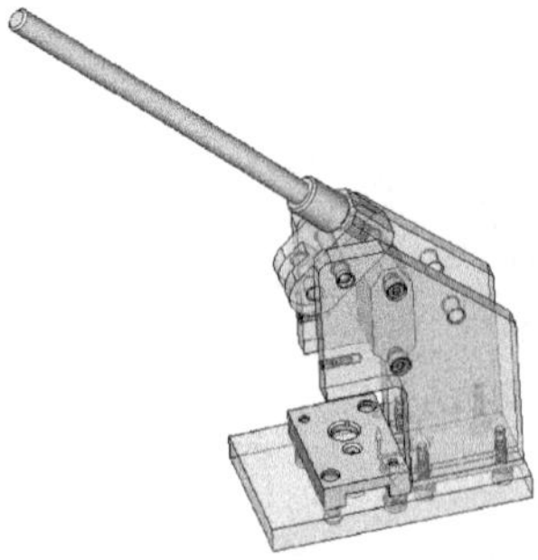

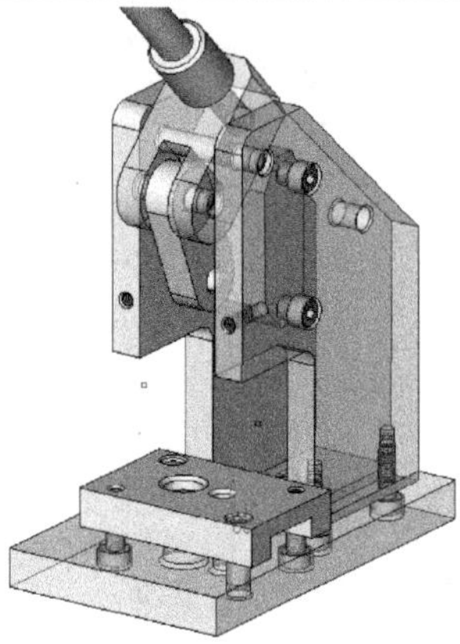

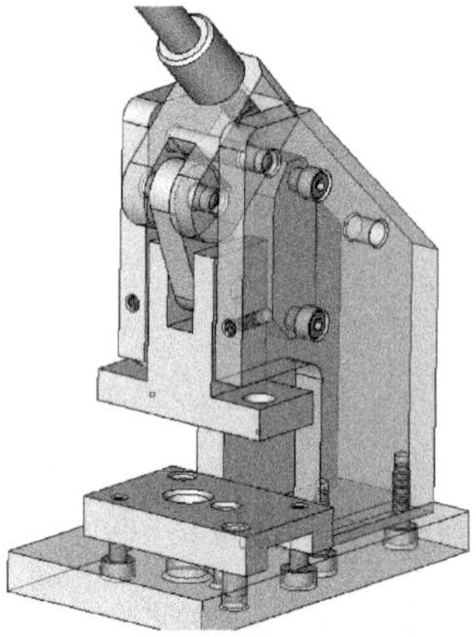

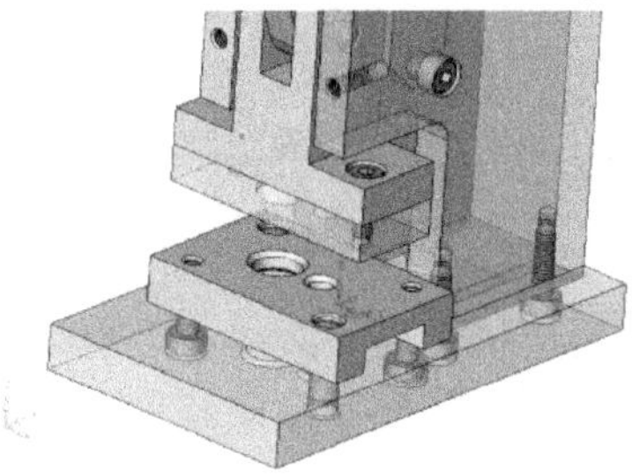

（续）

装配步骤	装配零件的名称	工具、量具	装配要求	图示
		工具：		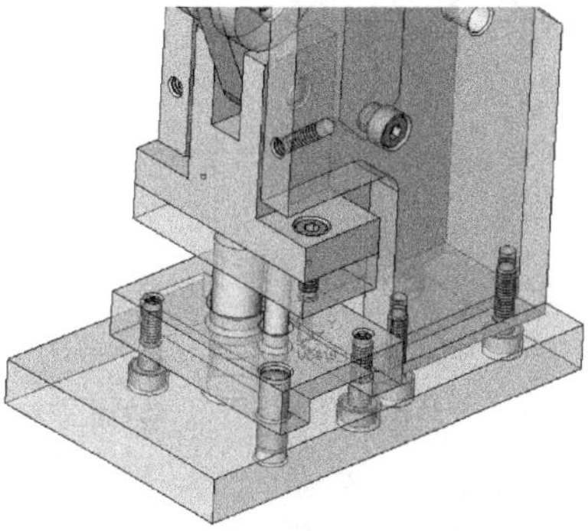
		量具：		
		工具：		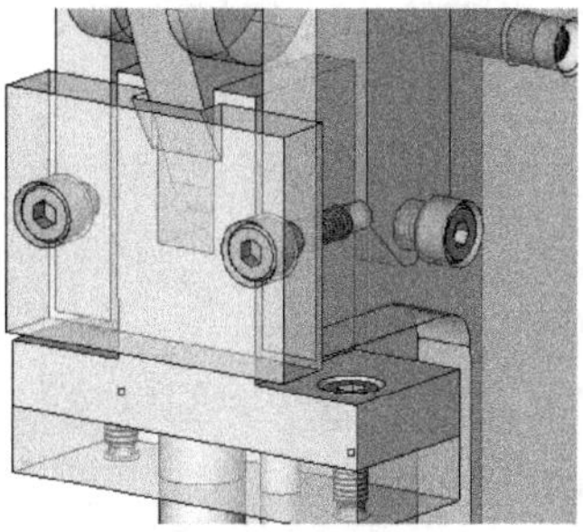
		量具：		
		工具：		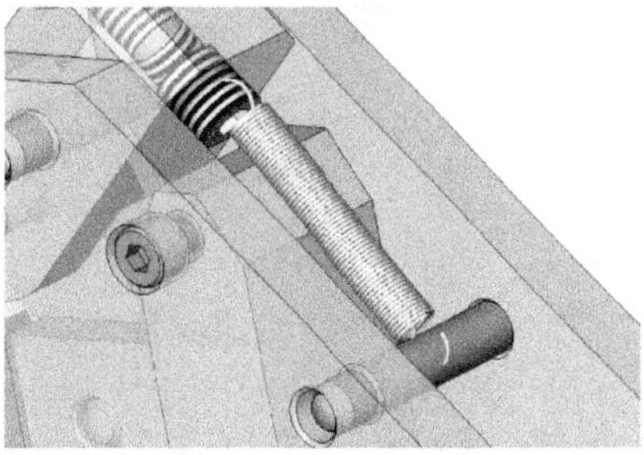
		量具：		

活动四　检测及误差分析

学习目标

1. 能正确使用螺纹千分尺。
2. 能使用螺纹量规检测螺纹。
3. 能分析误差产生的原因。

学习地点

机加工车间。

掌握以下资讯与决策，才能顺利完成任务

一、螺纹的检测

（1）大径的检测：一般使用游标卡尺或千分尺检测大径尺寸。

（2）螺距的检测　一般用钢直尺测量螺距，如图3-27a所示。因为普通螺纹的螺距一般较小，因此，最好测量10个螺距的长度，然后用此长度除以10，就可以得出螺距的尺寸；如果螺距较大，可以测量2～4个螺距的长度。细牙螺纹的螺距较小，用钢直尺测量比较困难，这时可用螺距规进行测量，如图3-27b所示。测量时，把钢片沿平行轴线的方向嵌入牙形中，如果完全符合，则说明被测螺距是正确的。

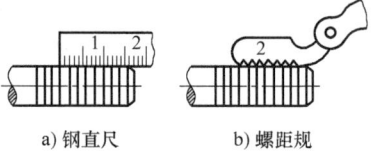

a) 钢直尺　　　b) 螺距规

图3-27　螺距的检测

（3）综合检测

1）螺纹千分尺。精度较高的普通螺纹可用螺纹千分尺测量，如图3-28所示，测得的千分尺读数就是该螺纹中径的实际尺寸。

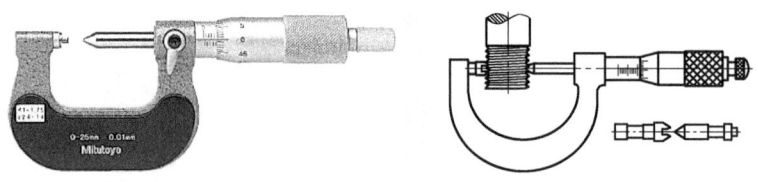

图3-28　螺纹千分尺

2）螺纹量规。用螺纹环规（图3-29a）检测普通外螺纹时，首先应对螺纹的直径、螺距、牙型和表面粗糙度进行检测，然后用螺纹环规检测外螺纹。如果环规通端正好能拧入，而止端拧不进去，则说明螺纹精度符合要求检查有退刀槽的螺纹时，通规应通过退刀槽与台阶平面靠平。螺纹塞规（图3-29b）用于检测内螺纹。

对于精度要求不高的螺纹，也可以用标准螺母进行检测（生产中用），以将螺母拧上工

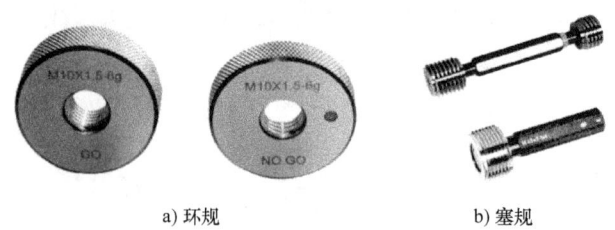

a) 环规　　　　　　　b) 塞规

图3-29　螺纹量规

件时是否顺利和松动的感觉来决定螺纹是否符合要求。

二、零件的检测

1) 检测小型压力机各零件，其精度要求见表3-8。

表3-8 小型压力机零件加工评分表

姓名		加工用时			总得分		
名称	小型压力机零件	考核日期					
零件	序号	检测内容	配分	评分标准	检测手段	检测结果	得分
底板 （图3-1） （10分）	1	8mm	2	每超差0.1mm扣0.5分	数显卡尺		
	2	(11.5±0.03)mm	2	每超差0.01mm扣0.5分	数显卡尺		
	3	φ6.5mm	2	每超0.01mm扣0.5分	内径千分尺		
	4	φ8mm	2	每超差0.01mm扣0.5分	内径千分尺		
	5	Ra1.6μm(2处)	2	降级全扣	样板+目测		
导板 （图3-3） （10分）	1	(11.5±0.05)mm	2	每超差0.01mm扣0.5分	数显卡尺		
	2	(7±0.1)mm	2	每超差0.01mm扣0.5分	数显卡尺		
	3	(4.5±0.05)mm	2	每超差0.01mm扣0.5分	数显卡尺		
	4	(7±0.05)mm	2	每超差0.01mm扣0.5分	数显卡尺		
	5	Ra1.6μm(4处)	2	降级全扣	样板+目测		
冲头 固定板 （图3-5） （8分）	1	(11.5±0.05)mm	2	每超差0.01mm扣0.5分	数显卡尺		
	2	φ10H7	2	每超差0.01mm扣0.5分	内径千分尺		
	3	φ6H7	2	每超差0.01mm扣0.5分	内径千分尺		
	4	Ra1.6μm(2处)	2	每超差1处扣0.5分	样板+目测		
冲头 （图3-4） （8分）	1	φ10h9	3	每超差0.01mm扣1分	千分尺		
	2	φ6h9	3	每超差0.01mm扣1分	千分尺		
	3	Ra1.6μm(4处)	2	降级全扣	样板+目测		
侧板 （图3-2） （10分）	1	⊥ 0.03 A	2	每超差0.01mm扣0.5分	平板、直角座和带指示器的测量架		
	2	(30±0.05)mm	2	每超差0.01mm扣0.5分	数显卡尺		
	3	(50±0.1)mm	3	每超差0.05mm扣0.5分	数显卡尺		
	4	Ra1.6μm(2处)	2	降级全扣	样板+目测		
曲柄头 （图3-9） （10分）	1	8mm	2	每超差0.05mm扣0.5分	数显卡尺		
	2	19mm	2	每超差0.1mm扣0.5分	数显卡尺		
	3	= 0.05 A	2	每超差0.01mm扣0.5分	数显卡尺、百分表		
	4	φ6H7	2	每超差0.01mm扣0.5分	内径千分尺		
	5	Ra1.6μm(孔2处)	2	降级全扣	样板+目测		
连杆 （图3-7） （6分）	1	8mm	2	每超差0.1mm扣0.5分	数显卡尺		
	2	(26±0.05)mm	2	每超差0.01mm扣0.5分	数显卡尺		
	3	Ra1.6μm(2处)	2	降级全扣	样板+目测		
摇杆 （10分）	1	19mm	2	每超差0.1mm扣0.5分	数显卡尺		
	2	φ9mm	3	每超差0.1mm扣0.5分	数显卡尺		
	3	φ15mm	3	每超差0.1mm扣0.5分	数显卡尺		
	4	M8	2	降级全扣	螺纹量规+目测		

(续)

姓名		加工用时			总得分		
名称	小型压力机零件	考核日期					

零件	序号	检测内容	配分	评分标准	检测手段	检测结果	得分
盖板 (图3-10) (8分)	1	30mm	2	每超差0.05mm扣0.5分	数显卡尺		
	2	10mm	2	每超差0.1mm扣0.5分	数显卡尺		
	3	4mm	2	每超差0.1mm扣0.5分	数显卡尺		
	4	Ra3.2μm(平面)	2	降级全扣	样板+目测		
支承块 (图3-8) (10分)	1	(35±0.1)mm	2	每超差0.05mm扣0.5分	数显卡尺		
	2	4×M6	3	降级全扣	螺纹量规		
	3	22mm	2	每超差0.1mm扣0.5分	数显卡尺		
	4	Ra3.2μm(2处)	2	降级全扣	样板+目测		
滑块 (图3-6) (10分)	1	═ 0.05 A	2	每超差0.01mm扣0.5分	数显卡尺、百分表		
	2	8mm	2	每超差0.1mm扣0.5分	数显卡尺		
	3	20mm	3	每超差0.1mm扣0.5分	数显卡尺		
	4	Ra1.6μm(2处)	2	降级全扣	样板+目测		

2)装配小型压力机,精度要求见表3-9。

表3-9 装配小型压力机评分表

姓名		加工用时			总得分		
名称	装配小型压力机	考核日期					

序号	检测内容	配分	评分标准	检测结果	得分
1	装配后整体外观端正,无歪斜现象	6	不符合要求一处扣2分		
2	所有销钉连接正确且松紧合适	9	不符合要求一处扣0.5分		
3	所有螺钉拧牢且拧紧力合适	5	不符合要求一处扣2分		
4	装配后两侧立板的平行度误差不大于0.05mm	4	每超差0.05mm扣2分		
5	连接零件的面与面之间的间隙不超过0.05mm	4	不符合要求一处扣2分		
6	摇杆和滑块动作自如	4	不符合要求一处扣2分		
7	冲压加工符合要求	4	不符合要求一处扣2分		
8	装配外观无碰伤或敲击痕迹	4	不符合要求一处扣2分		
9	安全文明生产	—	违反操作扣5~10		

三、误差产生原因分析

填写误差分析表,见表3-10。

表 3-10 误差分析表

序号	加工过程中的问题	检查情况	分析原因	备注(处理方案)
1	划线精度达不到要求	□是 □否	□校正高度尺时产生人为误差 □量具握法不正确 □读数有误 □其他	
2	表面粗糙度达不到要求	□是 □否	□没有区分粗、精加工 □铣削参数不正确 □其他	
3	断刀	□是 □否	□进给速度不合理 □背吃刀量太大 □装夹不正确 □其他	
4	螺纹不正确	□是 □否	□刀具刃磨不正确 □工件伸出过长,刚性差 □出现偏差时没有及时纠正 □其他	
5	销孔的表面粗糙度值大	□是 □否	□销孔底径不正确 □铰孔时用力不均匀 □铰孔时润滑不够 □其他	
6	长度尺寸、几何精度超差	□是 □否	□测量时有误差 □加工面的平面度超差 □加工面的垂直度超差 □加工面的直线度超差 □加工面的平行度超差 □选错基面 □其他	

活动五 设备维护保养

学习目标

1. 能进行普通铣床的日常维护和保养。
2. 能按照车间现场管理规定整理现场。

 **学习地点**

机加工车间。

 **学习过程**

 掌握以下资讯和决策，才能顺利完成任务

一、普通铣床的日常维护和保养

1. 铣床例保作业范围

1）清洁床身及部件，清扫切屑，保持周边环境卫生。

2）检查各油面不得低于油标以下，加注各部润滑油。

3）清洁工具、夹具和量具。

2. 铣床一级保养作业范围

1）清洗并调整工作台、丝杆手柄及镶条。

2）检查并调整离合器。

3）清洗导轨及油毛毡，清洁电动机、机床内外部及附件。

4）检查油路，加注各部润滑油。

5）紧固各部螺钉。

3. 铣床周末保养作业范围

（1）清洁

1）拆卸、清洗各部油毛毡垫。

2）擦拭各滑动面和导轨面，擦拭工作台及横向、升降丝杆，擦拭进给机构及刀架。

3）擦拭各部死角。

（2）润滑

1）清洁、畅通各油孔并加注润滑油。

2）对各导轨面、滑动面及各丝杆加注润滑油。

3）检查传动机构油箱、油面，并加油至规定位置。

（3）拧紧

1）检查并紧固压板及镶条螺钉。

2）检查并拧紧滑块固定螺钉及传动机构、手轮、工作台支架螺钉等。

3）检查并拧紧其他部位松动的螺钉。

（4）调整

1）检查和调整传动带、压板及镶条松紧适宜。

2）检查和调整滑块及丝杠符合要求。

二、安全文明生产

根据生产过程填写监控表（见表3-11）。

表 3-11　安全文明生产过程监控

序号	过程	项　　目	要　　　　求	执　行　情　况
1	1S(整理)	刀架匙的使用和摆放	用完应随手取下,并摆放在指定位置	□合理　□有待改进
2		卡盘匙的使用和摆放	用完应随手取下,并摆放在指定位置	□合理　□有待改进
3		加力棒的使用和摆放	用完应随手取下,并摆放在指定位置	□合理　□有待改进
4		毛刷等清洁用品的摆放	用完在指定位置摆放整齐	□合理　□有待改进
5		量具的摆放	用完在指定位置摆放整齐	□合理　□有待改进
6		零件的摆放	用完在指定位置摆放整齐	□合理　□有待改进
7		毛坯的摆放	用完在指定位置摆放整齐	□合理　□有待改进
8	2S(整顿)	工作场地的整理	随时保持整洁	□整洁　□有待改进
9		工具架的摆放和整理	在指定位置摆放整齐,保持整洁	□合理　□有待改进
10		工具车的摆放和整理	用完应在指定位置摆放整齐并上锁	□合理　□有待改进
11	3S(清扫)	每天轮流值日	保持车间整洁,及时清理垃圾	□整洁　□有待改进
12		机床周边卫生	保持车间整洁,及时清理	□整洁　□有待改进
13		机床卫生　外表	保持机床整洁,及时清理	□整洁　□有待改进
		导轨	保持机床整洁,及时清理	□整洁　□有待改进
		传动系统	保持机床整洁,及时清理	□整洁　□有待改进
		冷却系统	保持机床整洁,及时清理	□整洁　□有待改进
		润滑系统	保持机床整洁,及时清理	□整洁　□有待改进
14	4S(清洁)	切屑的清理	统一收集,每天清理	□有　□有待改进
15		下班前刀架返回机械零点	刀架应停放在尾座附近	□有　□有待改进
16		每周进行一次大扫除	注意清理卫生死角	□整洁　□有待改进
17		切屑和废品的处理	统一收集,定期清理	□整洁　□有待改进
18	5S(素养)	穿戴劳保用品	劳保用品穿戴整齐,扣好钮扣	□有　□有待改进
19		开机前的检查	检查有无损坏或异常,有问题及时汇报	□有　□有待改进
20		开机预热	每班次加工前预热 3~5min	□有　□有待改进
21		润滑	做好润滑工作,保证机床正常运行	□有　□有待改进
22	6S(安全)	安全通道	保持通道顺畅	□符合要求　□有待改进
23		清除安全隐患(预见能力)	及时清除安全隐患,杜绝伤害发生	□符合要求　□有待改进
24		安全文明操作	及时清除安全隐患,杜绝伤害发生	□符合要求　□有待改进
总体表现	□好　□有待改进　有待改进方面说明:			安全员:(签名)

活动六　工作总结与评价

学习目标

1. 能对学习任务进行合理的总结和归纳。

2. 能对学习过程提出合理的建议。
3. 能客观、公正地进行评价。

机加工车间。

掌握以下资讯与决策，才能顺利完成任务

一、总结

通过本次的工作过程，你学到了什么？对出现的问题提出合理的建议。

二、工作效果评价

1. 计划能力评价（见表3-12）

表3-12 计划能力评价

标准/指标	优	良	中	差
界定问题的范围				
明确任务目标				
检查现有状况、系统和故障来源				
对解决问题的办法进行可行性评估				
编制计划能力				
实施工作计划能力				
根据需要灵活调整计划的能力				

2. 独立获取信息能评价（见表3-13）

表3-13 独立获取信息能力评价

评价	全面	完整	齐全	不全
随时准备获取信息	☐	☐	☐	☐
利用专业书籍（工具书）	☐	☐	☐	☐
运用数据表格	☐	☐	☐	☐
利用非印刷媒体	☐	☐	☐	☐
利用图书馆	☐	☐	☐	☐

3. 协作能力评价（见表3-14）

表3-14 协作能力评价

标准/指标	优	良	中	差
考虑到问题的难度				
能听取他人的意见和建议				
可信、可靠				
具有责任心				
具有团队协作意识				

4. 课业评价（见表3-15）

表3-15 课业评价

项目	自我评价			小组评价			教师评价		
	10~8	7~6	5~1	10~8	7~6	5~1	10~8	7~6	5~1
参与情况									
工作态度									
安全操作规程遵守情况									
规程和制度执行情况									
叙述和解读任务情况									
服从工作安排情况									
完成加工任务情况									
零件自检情况									
清理工作现场情况									
展示汇报情况									
总评									

5. 项目评价（见表3-16）

表3-16 项目评价

序号	标准/指标		自我评价	教师评价
1	专业能力	图样绘制		
2		特征描述		目标是否达到
3		基准选择		
4		工序划分		□ 是
5		工艺制订		□ 否
6		装夹定位		
7		刀具选择		

（续）

序号	标准/指标		自我评价	教师评价
8	方法能力	编制计划能力		目标是否达到 ⇩ ☐是 ☐否
9		实施工作计划能力		
10		独立获取信息能力		
11	社会能力	交流能力		
12		协作能力		
13		对技术构成的理解力		

评价：

组长签名：

指导教师签名：

工作任务四

制作平口钳

某公司业务部门主管接到一张订单,要求生产20台平口钳,尺寸如图4-1~图4-10所示。现主管将该任务交给小赵,要求其在15天内完成任务。

小赵接到加工任务后,向客户了解了该平口钳的使用要求,并提出了合理化建议。经客户同意,小赵制订了加工方案,经业务部门主管审核后,准备必要的设备、工具和量具,对平口钳进行加工。加工完成后,小赵依照图样和技术要求检测零件,按规范放置零件后送检和签字确认,并填写相关表格(如设备运行记录等)。

1. 磨床安全操作规程。
2. 普通平面磨床的结构。
3. 砂轮的结构。
4. 磨床的使用方法。
5. 平面的磨削加工。
6. 梯形螺纹的加工与检测。
7. 百分表的使用。
8. 普通磨床的维护与保养。

活动一 接受加工任务

1. 能识读图样,明确工作内容和要求。
2. 能收集相关信息,对平口钳图样进行分析。
3. 能查阅所需资料(包括工作页、参考书、互联网等),学习磨床的操作规程,在教师的指导下与团队成员合作编写加工方案。

学习地点

机加工车间。

 **学习过程**

掌握以下资讯与决策，才能顺利完成任务

一、派发任务

根据生产需要填写派工单（表4-1）。

表4-1　派工单

日期：　　年　　月　　日

	开单部门		数量		派单人	
	接单部门		完成工时		接单人	
任务栏	零部件名称	要求完成日期	实际完成日期	审核结果	审核日期	审核人
备注	按照图样要求完成任务,并做好日常维护保养工作					

以下由接单人和确认方填写

领取材料		仓库管理员(签名) (实训室管理员签名) 　　年　　月　　日
领取工具		
完成质量		班组长(签名) 　　年　　月　　日
用户意见		用户(签名) 　　年　　月　　日
改进措施		

二、分析图样

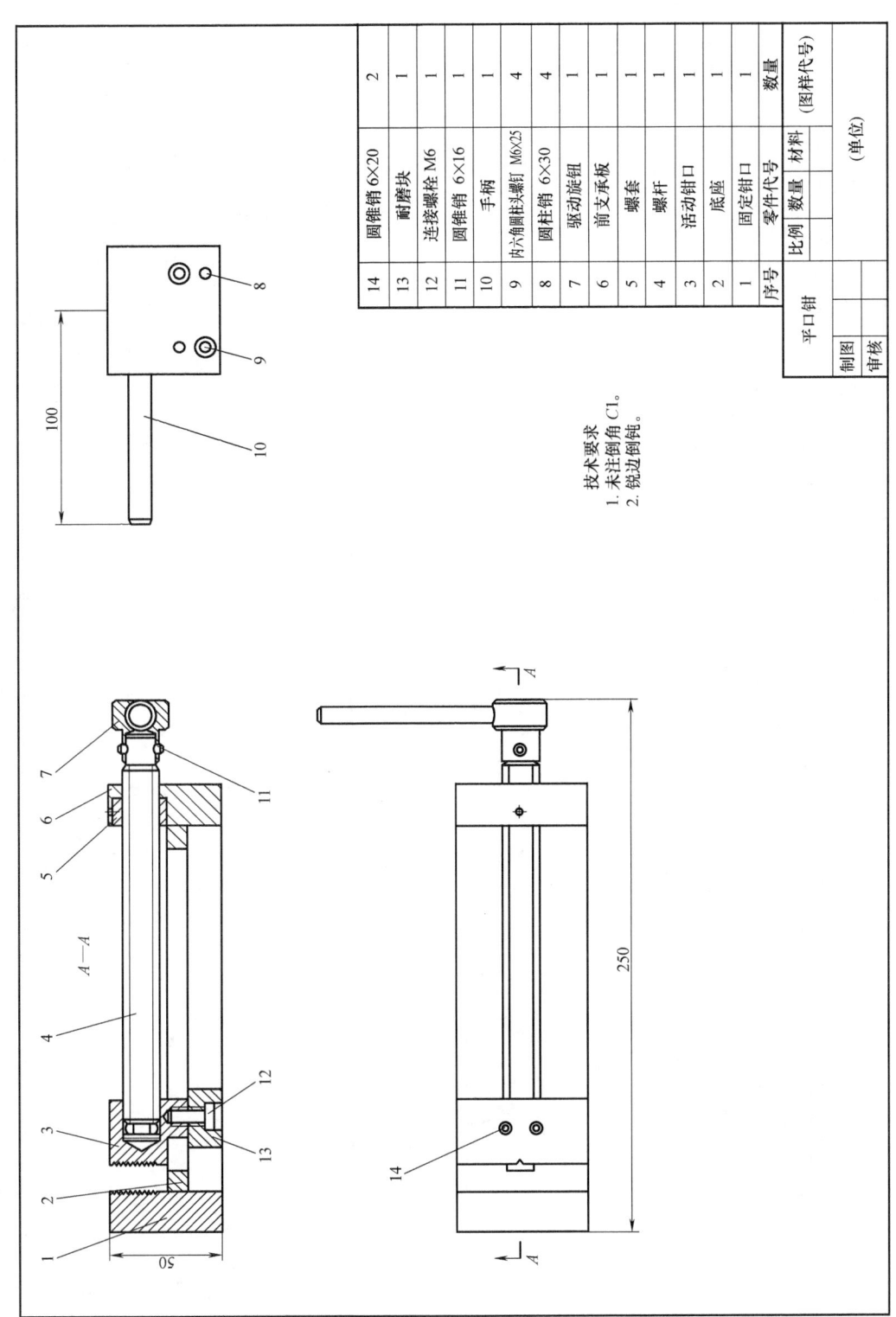

图 4-1 装配图

零件的普通加工

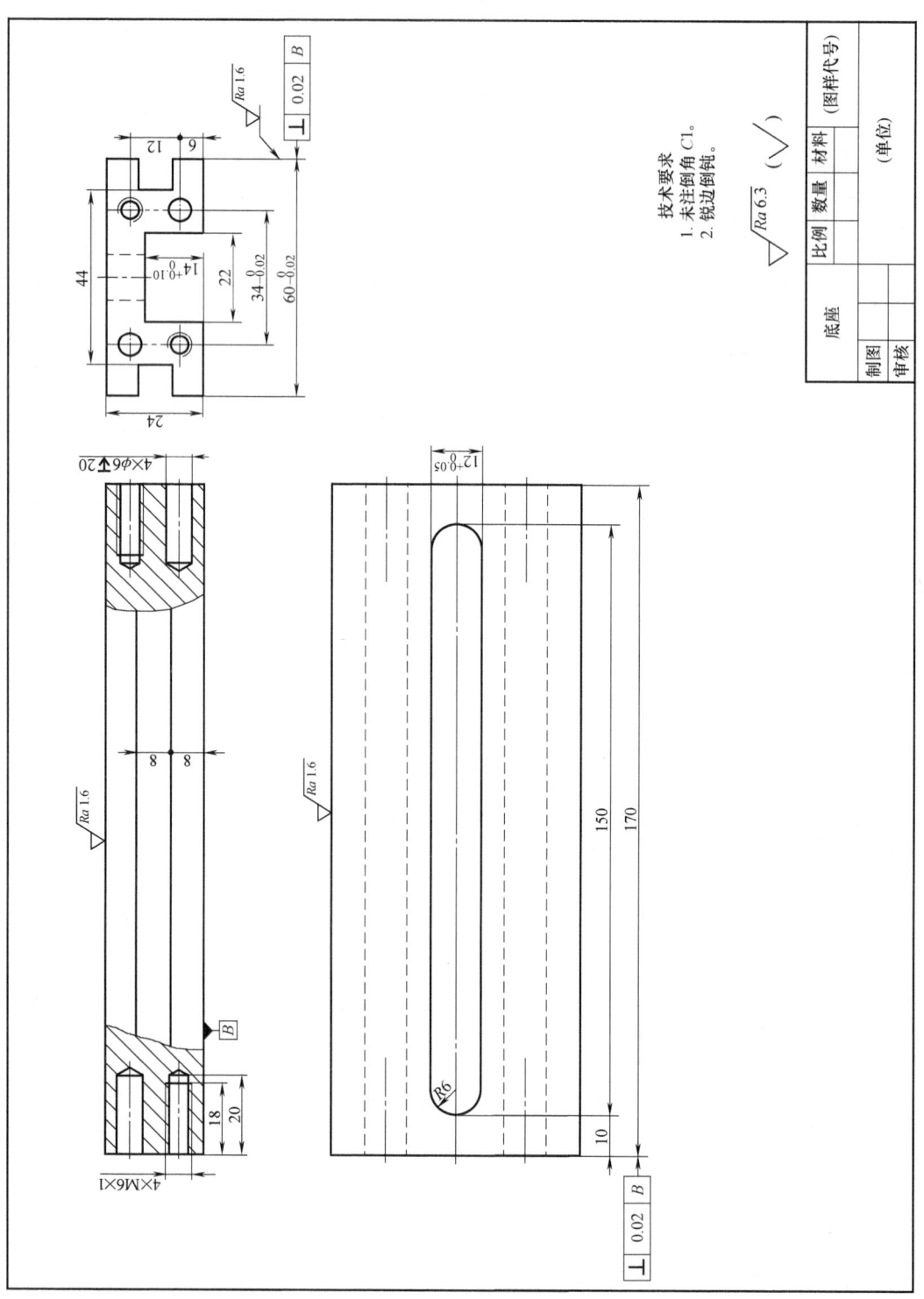

图 4-2 底座

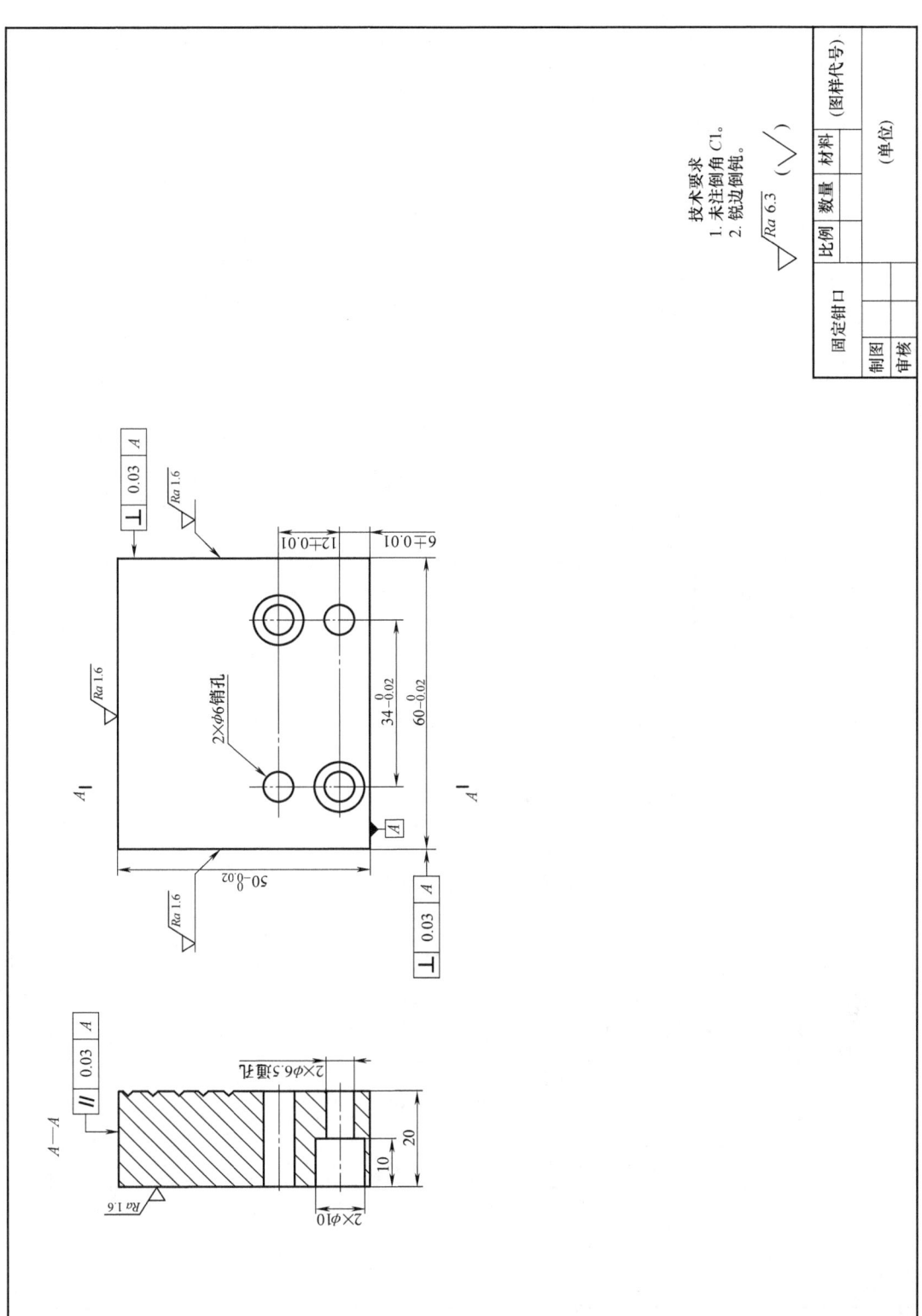

图 4-3 固定钳口

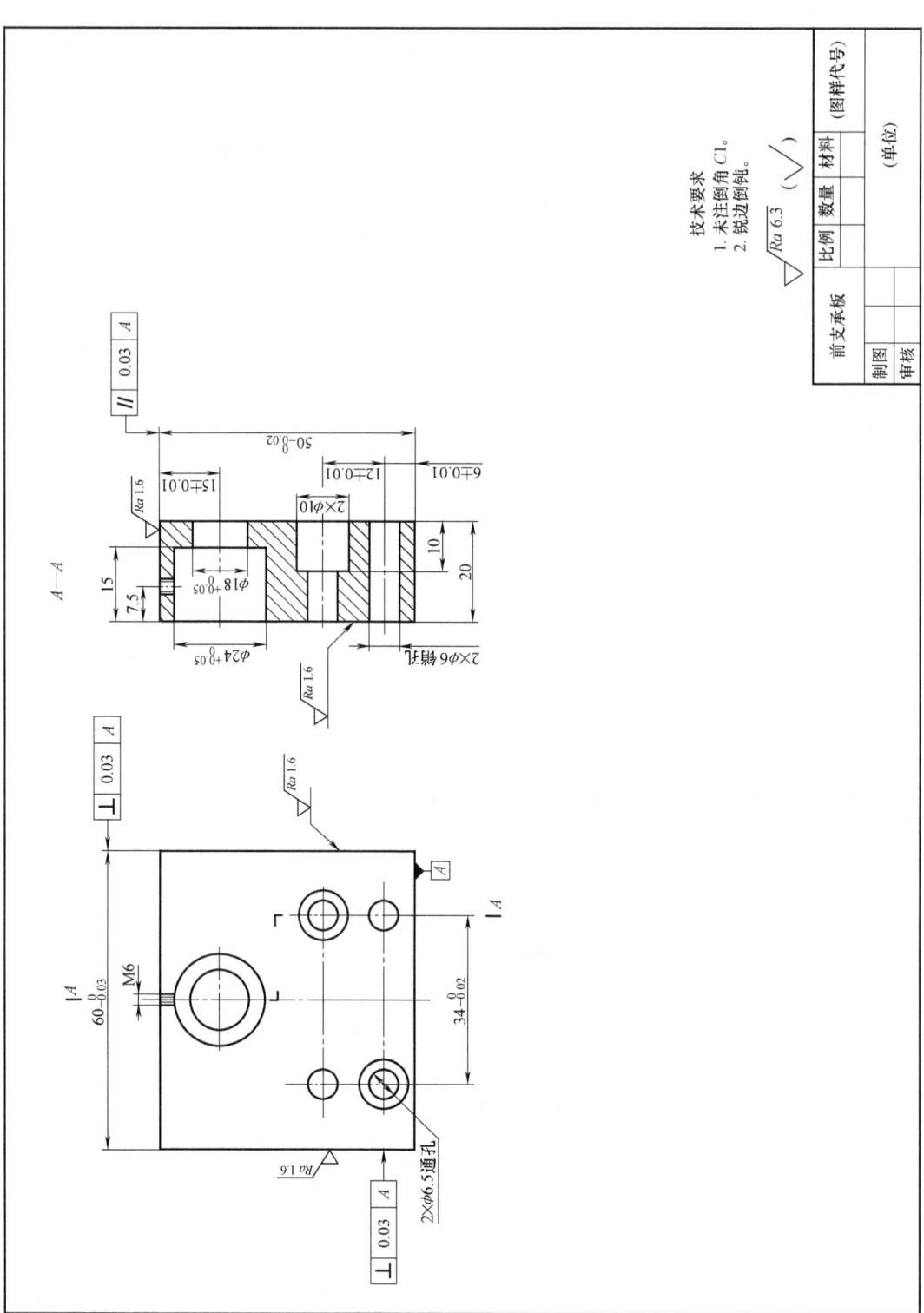

图 4-4 前支承板

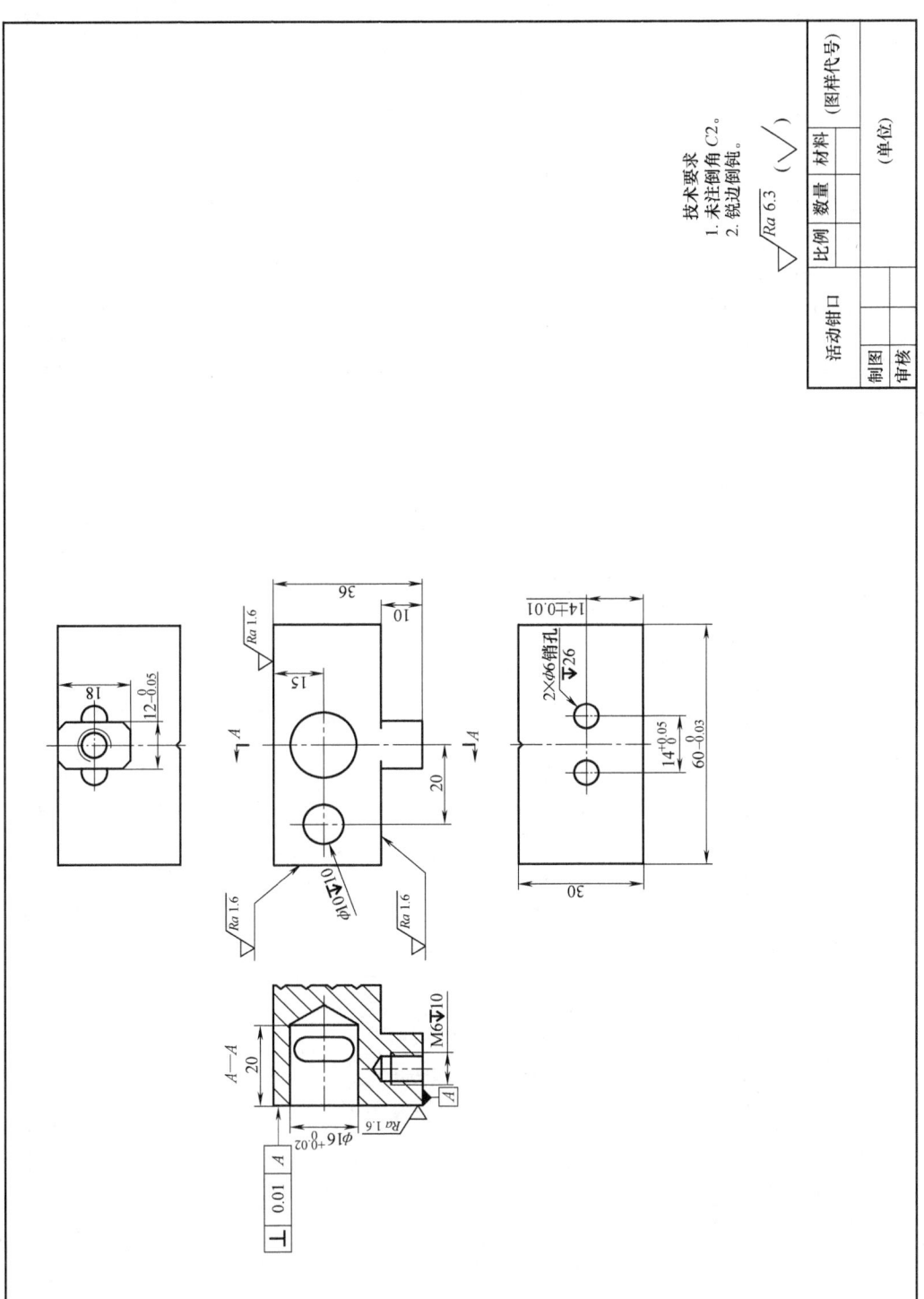

图 4-5 活动钳口

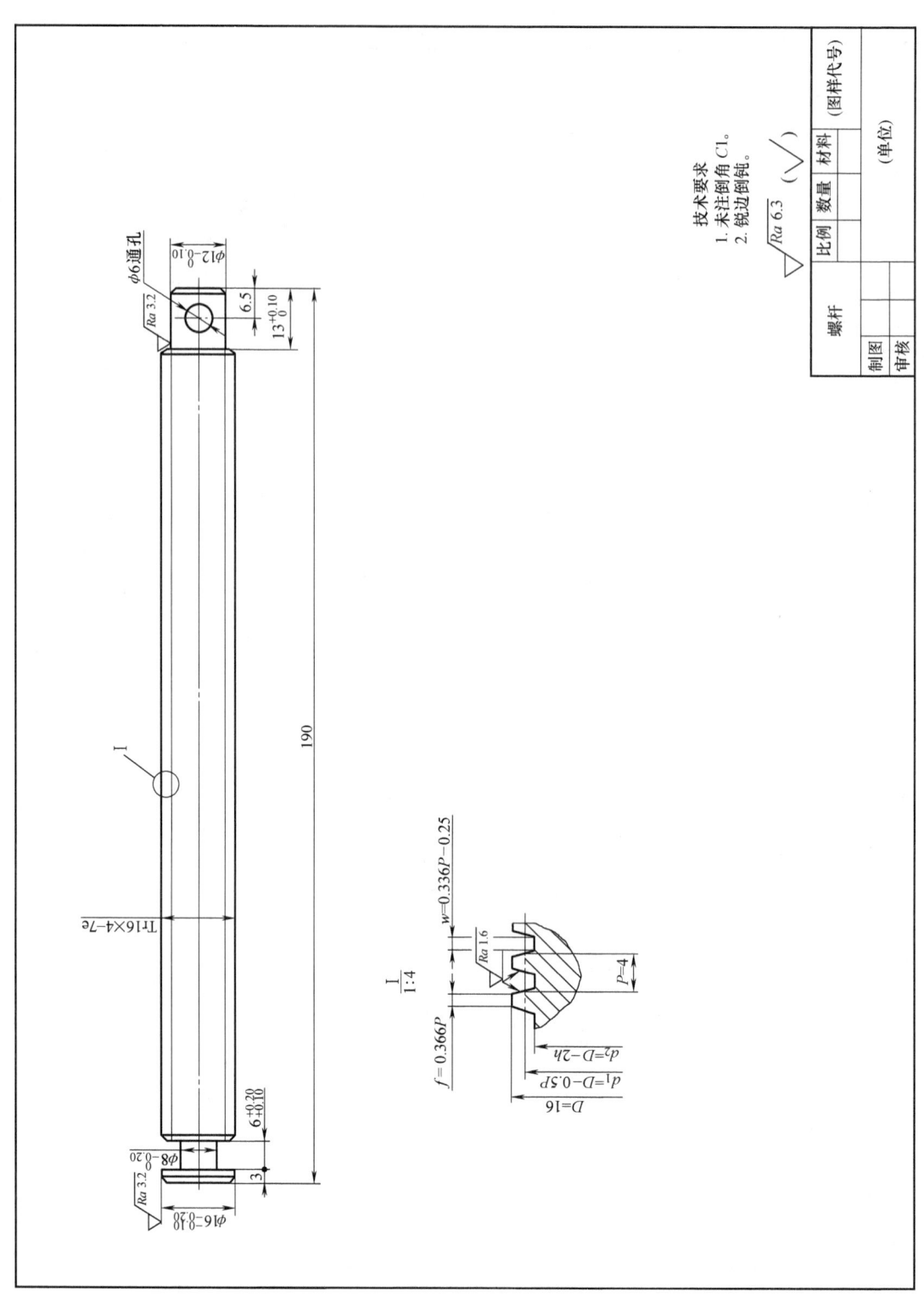

图 4-6 螺杆

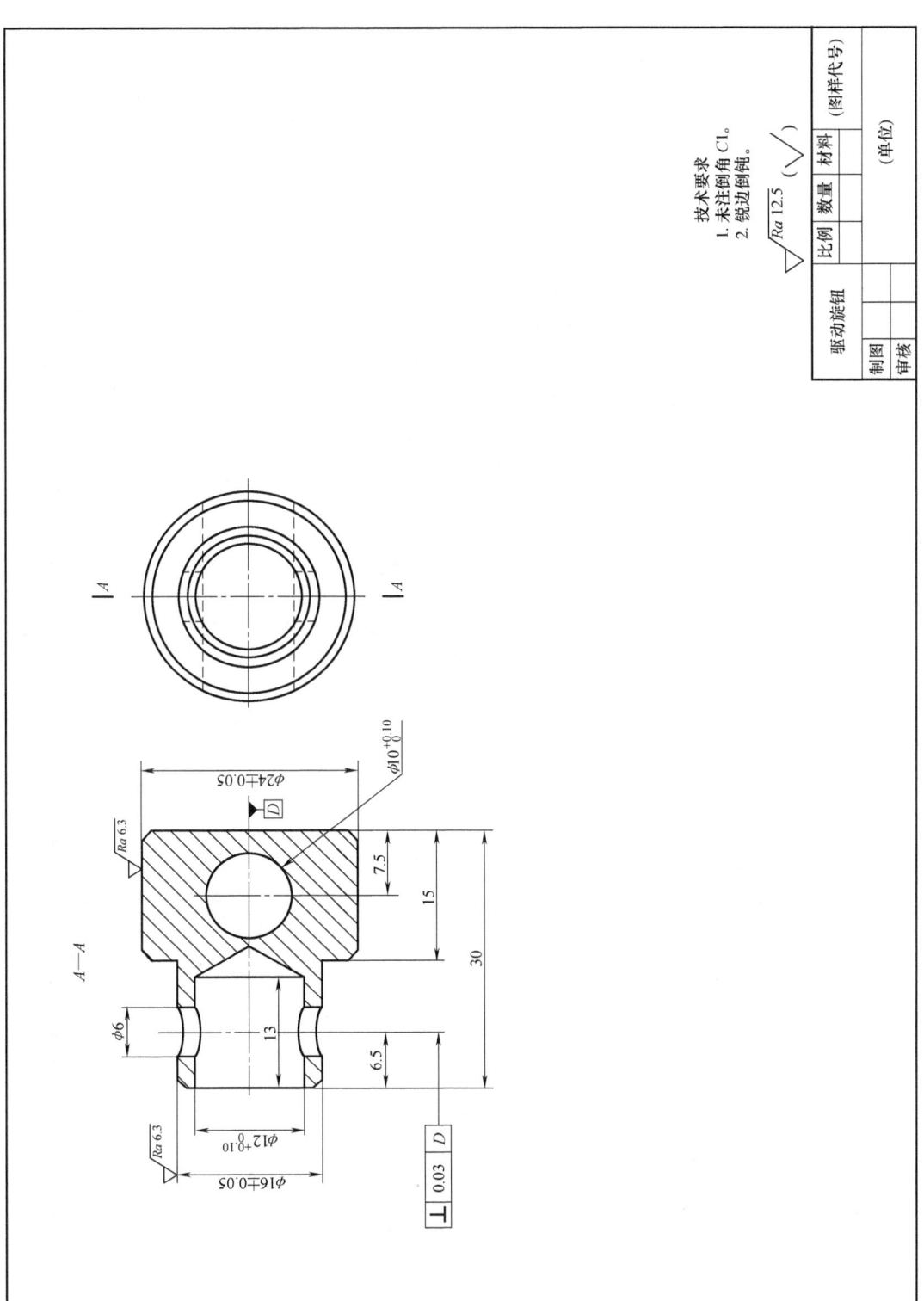

图 4-7 驱动旋钮

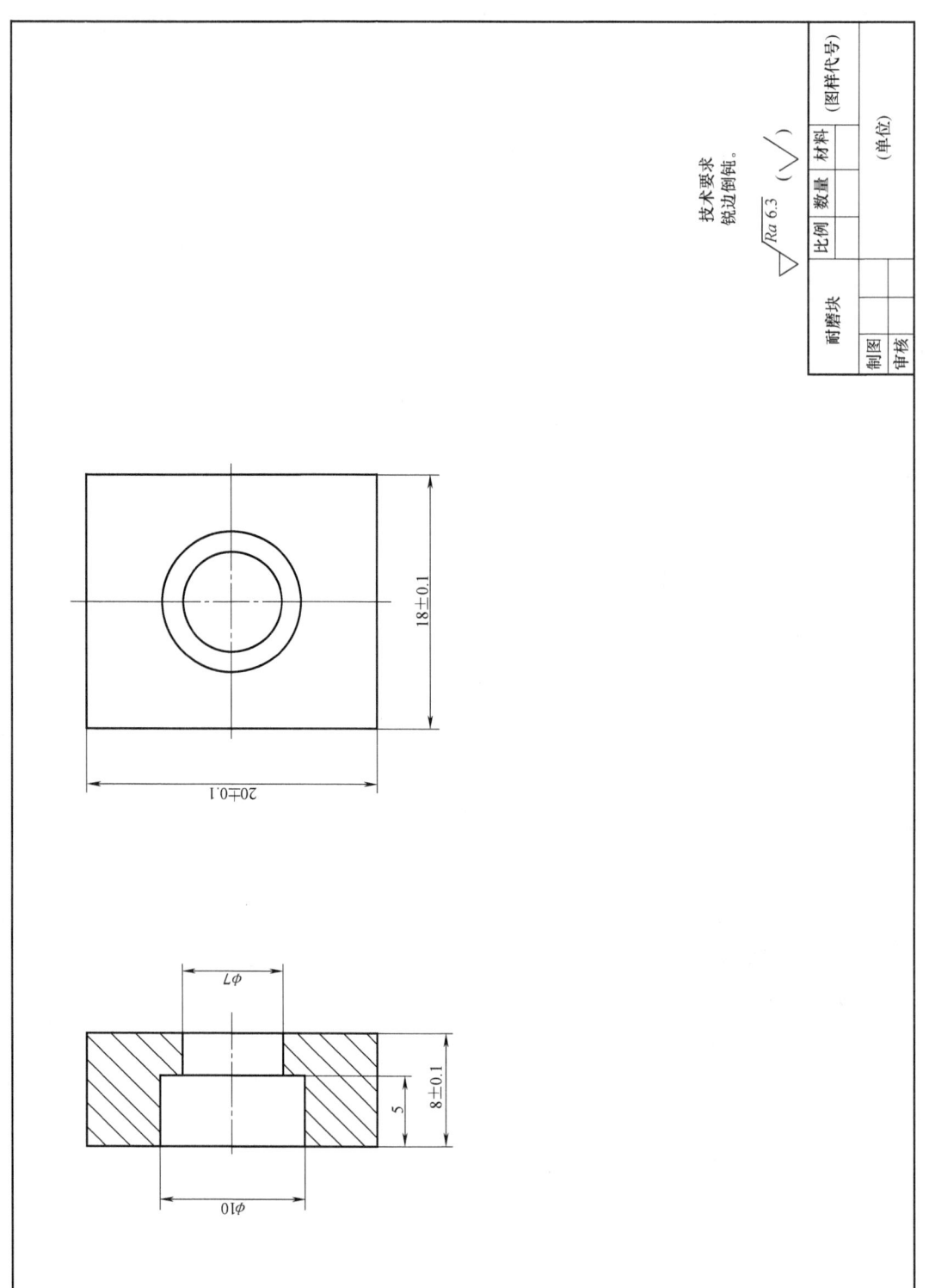

图 4-8 耐磨块

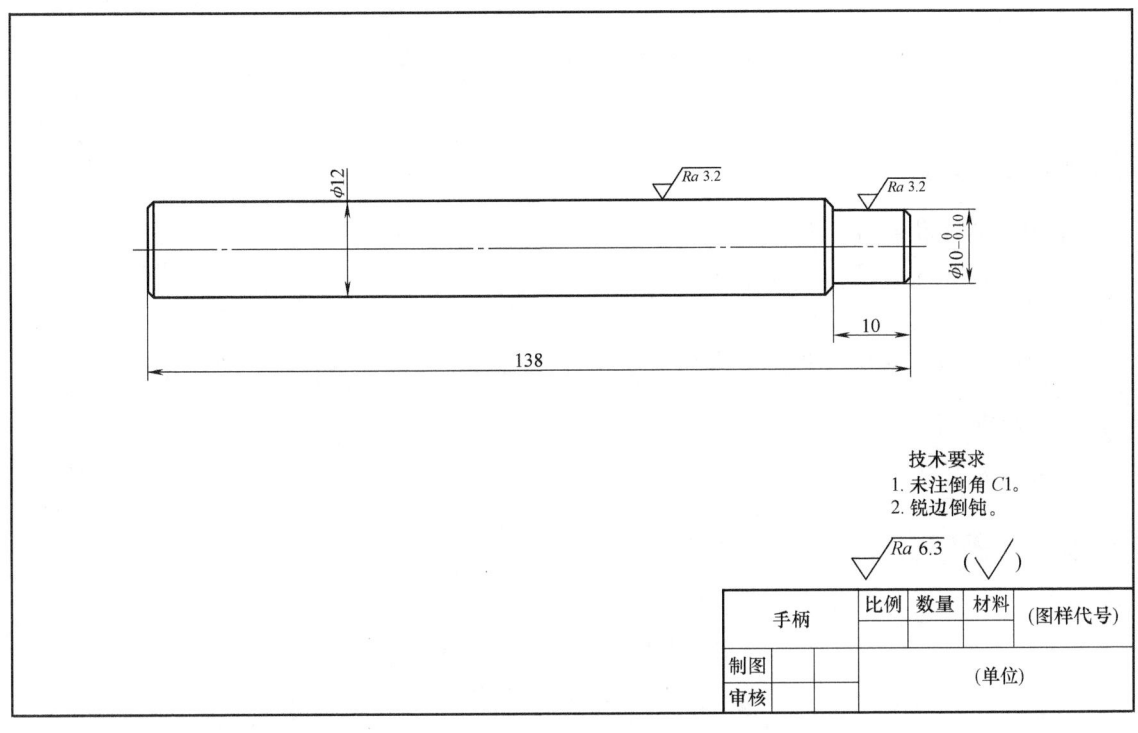

图 4-9　手柄

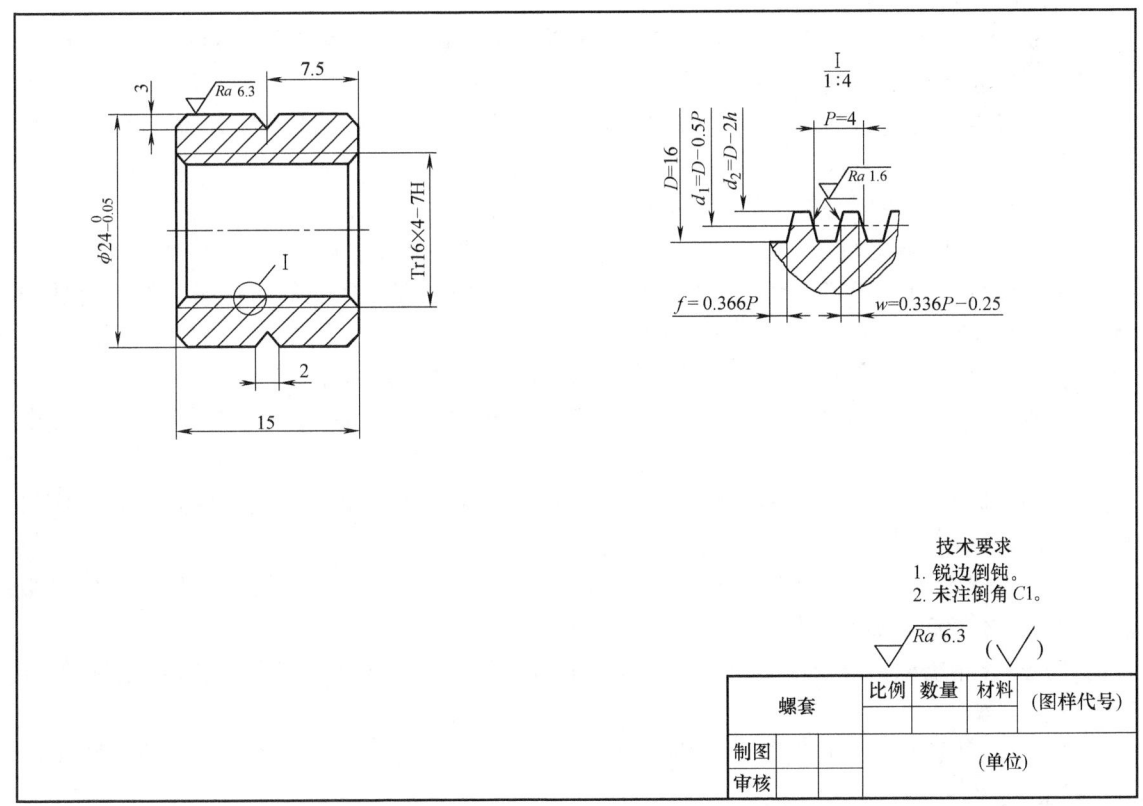

图 4-10　螺套

活动二 制订加工方案

 **学习目标**

1. 能表述砂轮的种类和结构。
2. 能表述磨床的结构和工作原理。
3. 能制订合理的工作计划。
4. 能正确制订零件的加工工艺。

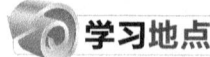 **学习地点**

机加工车间。

 **学习过程**

掌握以下资讯和决策，才能顺利完成任务

一、磨床安全操作规程

1）机床起动前，应检查机械传动、液压传动、快速进给、润滑系统及砂轮的安全状况，确认安全可靠后方能起动机床并试运转。

2）工作前应检查机械、电气、防护装置、吸尘装置、工具、量具等，必须处于完整、良好的状态。

3）砂轮及砂轮罩应完好无崩裂、安装正确、紧固可靠。

4）手动检查各部之后，空车运转，检查磨头纵向往复运动，确认正常后方可工作。

5）磨削前，应检查工件是否被电磁铁牢牢吸住，加工高而狭长的工件时，要用合适的挡铁靠住或用台虎钳夹住，以防发生意外。

6）工作前按工件磨削长度手动调整换向挡铁位置，并加以紧固。

7）在砂轮试运转和修整时，操作者不可站在正对砂轮的位置，以防砂轮碎片飞出伤人。

8）每次起动砂轮前，应将液压阀放在停止位置、调整手柄放在最低速位置、砂轮座快速进给手柄放在后退位置，以免发生意外。

9）每次起动砂轮前，应先起动润滑泵，待砂轮主轴润滑正常，水银开关顶起，砂轮主轴浮起后，才能起动砂轮回转。

10）刚开始磨削时进给量要小，切削速度要慢些，防止砂轮因冷脆而破裂，特别是气温低时更应注意。

11）砂轮快速引进工件时，不准机动进给，不许使用大进给量，注意工件的突出棱角部位，防止碰撞。

12）机床工作时，液压系统的压力不应超出规定范围。油温不得超过50℃，液压缸中有空气时,应将磨头以最大行程来回走数次以排气。

13)机床没有纵向移动的自动和手动互锁机构,而以液压自动往复运动时,必须将手柄拔出。

14)工作中须经常检查夹具、工件的紧固,以及砂轮的平衡紧固和带的松紧,砂轮磨钝应及时修整。

15)工件磨削完毕,应先将切削液泵关闭,使砂轮空转几分钟甩干切削液后再停止砂轮回转。

16)加工完毕后,应关闭机床面板上的电源和总电源开关,取下工件进行退磁处理;清理机床上的加工废屑,按照要求擦拭机床有关部位并加注润滑油。

17)修整砂轮时,将金刚刀固定在专用托架上,操作时严禁撞击,并应戴好防护眼镜。

18)砂轮没有脱离工件时不准停车。

19)更换砂轮时,应遵守磨工一般安全操作规程。

20)不准触摸磨削中的工件或隔着运动部位传递东西。

21)调整、修理、润滑和擦拭机床时应停机进行。

二、普通平面磨床的结构及砂轮

1. 普通平面磨床的结构(图4-11)

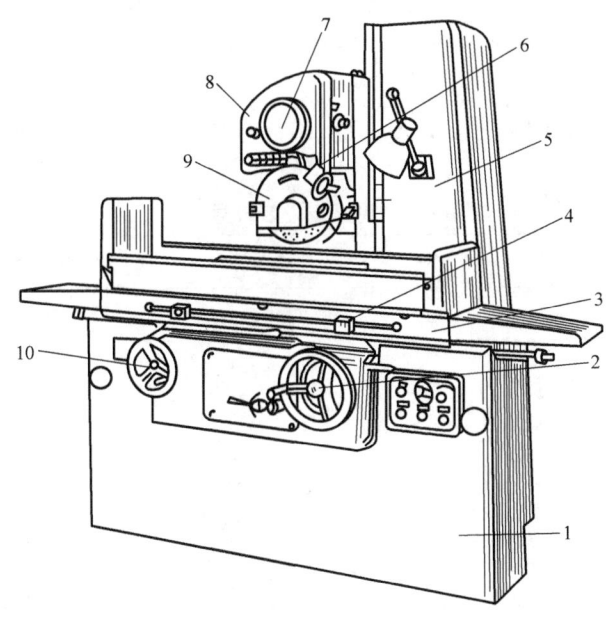

图4-11 普通平面磨床
1—床身 2—升降手轮 3—工作台 4—撞块 5—立柱 6—砂轮修整器
7—横向手轮 8—砂轮架 9—磨头 10—纵向手轮

(1)床身 床身的作用是支承磨床各部件。它的上面有水平导轨,作为工作台的移动导向。床身内部装有液压传动装置和纵、横向进给机构。

(2)工作台 工作台在手动或液压传动系统的驱动下,可以沿水平导轨作纵向往复进给运动。工作台上装有电磁吸盘,用于装夹具有导磁性的工件;对于没有导磁性的工件,可以采用夹具装夹。工作台前侧有换向撞块，能自动控制工作台的往复行程。

（3）砂轮架　砂轮架的砂轮主轴与电动机主轴直接连接，可得到高速旋转运动（即主运动）。

（4）垂直进给机构　转动垂直进给手轮，可实现磨头的垂直进给运动。

（5）液压操纵部件　操纵磨床上的液压手柄和旋钮，可实现工作台的纵向和磨头的横向液压进给运动，并具有调速作用。

（6）立柱　立柱用于支承滑座和砂轮架，其侧面有两条垂直导轨，转动升降手轮，可以使滑座连同砂轮架一起沿垂直导轨上下移动，以实现垂直进给运动。

（7）滑座　滑座下部有燕尾形导轨与砂轮架相连，其内部有液压缸，用以驱动砂轮架作横向间歇进给运动或连续移动，也可以转动横向进给手轮实现手动进给。

2. 砂轮

（1）砂轮的结构　砂轮是由许多极硬的颗粒经过粘接而成的，具有一定几何形状的多孔体。砂轮表面上的多棱、多角的坚硬颗粒称为磨料，起切削作用。把磨料粘接在一起的粘接材料称为结合剂。磨料和结合剂之间有许多空隙，起散热和容纳磨屑的作用。磨料、结合剂和空隙构成了砂轮结构的三要素，如图4-12所示。

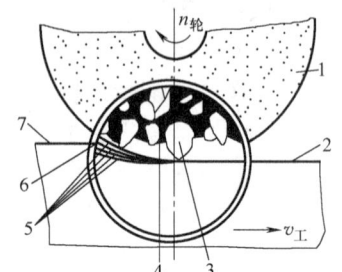

图4-12　砂轮的结构
1—砂轮　2—已加工表面　3—磨粒
4—结合剂　5—过渡表面
6—空隙　7—待加工表面

（2）砂轮的标记　砂轮标记1A1 50×4×10×3 RVD 100/120 B 75中各符号的含义见表4-2。

表4-2　砂轮标记中各符号的含义

1A1	50	4	10	3	RVD	100/200	B	75
形状代号	直径	总厚度	孔径	磨料层深度	磨料牌号	粒度	结合剂	浓度

3. 平面磨床工作台的运动（图4-13）

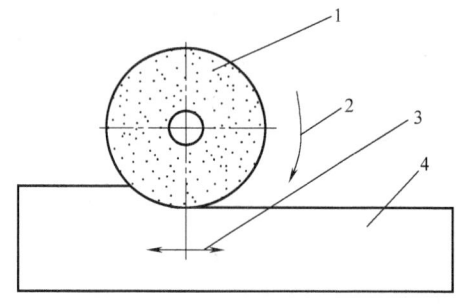
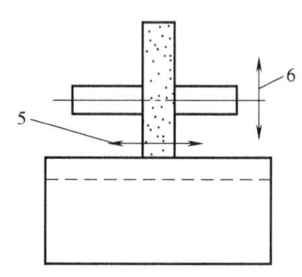

图4-13　工作台的运动
1—砂轮　2—主运动　3—纵向进给运动　4—工作台　5—横向进给运动　6—垂直进给运动

三、制订平口钳加工工艺

将平口钳加工工艺填入表4-3。

表 4-3 平口钳加工工艺

序号	加工工序	设备	夹具	量具	磨削用量			备注
					主轴转速	手动进给量	背吃刀量	
1								
2								
3								
4								
5								
6								
7								
8								
9								
10								
11								
12								
13								
14								
15								

活动三　加　　工

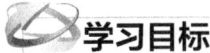

1. 能合理地对零件进行装夹。
2. 能进行平面的磨削加工。
3. 能正确车削梯形螺纹。
4. 能正确使用装配工具。

机加工车间。

掌握以下资讯与决策，才能顺利完成任务

一、磨床的使用
1. 砂轮的检查、安装和修整
砂轮在高速运转下工作，安装前必须先作外观检查，再通过敲击听其响声来判断是否有裂纹，以防止高速旋转时砂轮破裂。安装砂轮时，砂轮内孔与砂轮轴的配合间隙要适当，过松会使砂轮旋转时偏向一边而产生振动，过紧则磨削时受热膨胀易将砂轮胀裂，一般配合间隙为 0.1～0.8mm。砂轮用法兰盘与螺母紧固，在砂轮与法兰盘之间垫以 0.3～3mm 厚的皮革或耐油橡胶制垫片，如图 4-14 所示。

砂轮常用金刚石笔进行修整，如图 4-15 所示。金刚石笔与水平面的安装倾角一般取 10°左右，与端面的倾角一般取 20°～30°，且低于砂轮中心 1～2mm，以减少振动，避免金刚石笔嵌入砂轮。修整砂轮时要使用大量的切削液，以冲掉脱落的碎粒，也可以避免金刚石笔因温度剧升而破裂。

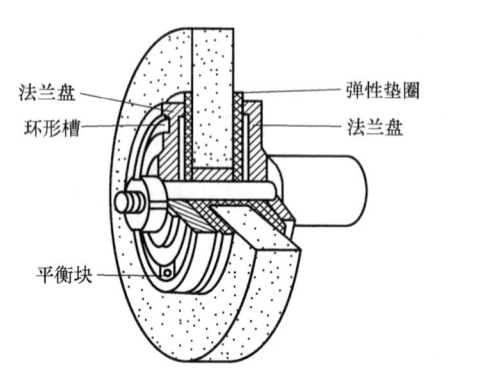

图 4-14 砂轮的安装

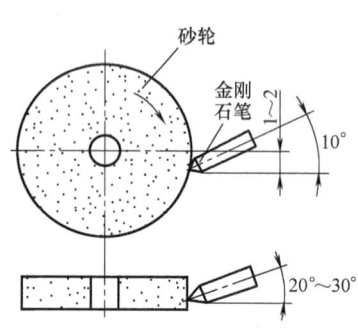

图 4-15 修整砂轮

2. 平面的磨削

（1）磨削方法　根据磨削时砂轮工作表面的不同，磨削平面的方法有圆周磨削法和端面磨削法两种，如图 4-16 所示。

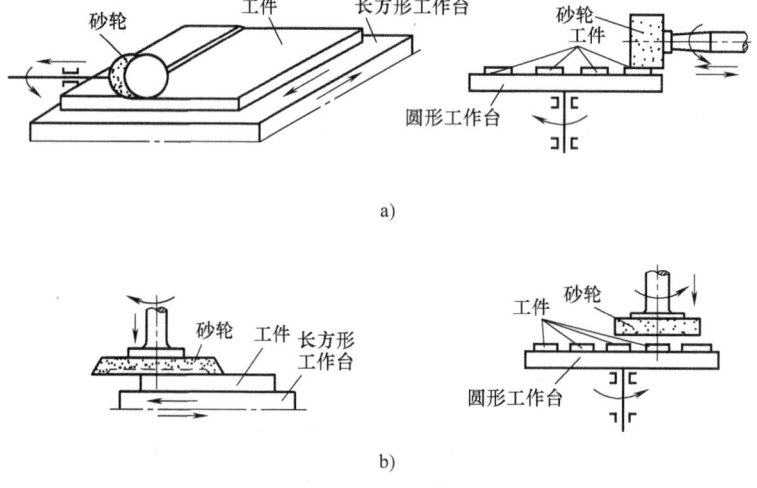

图 4-16 磨削方法

（2）磨削　以在卧轴矩台平面磨床上加工长方体（图 4-17）为例，其毛坯尺寸为 300mm×100mm×30.2mm，磨削用量见表 4-4。

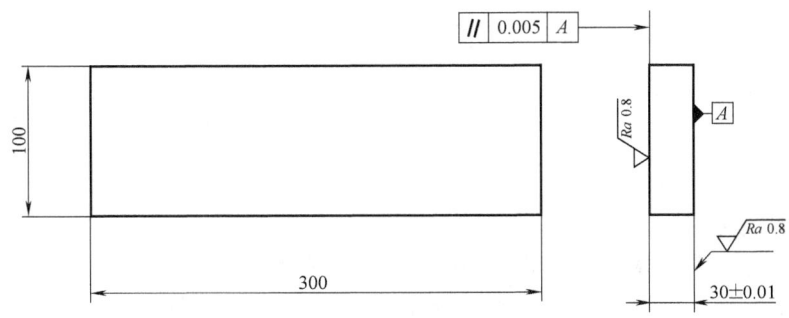

图 4-17 长方体

表 4-4 磨削用量

项目 \ 磨削类型	粗磨	精磨
进给速度 v_c/(m/s)	30~35	30~35
进给量 f/(mm/r)	0.1~0.48	0.05~0.1
背吃刀量 a_p/mm	0.015~0.04	0.005~0.01

长方体的磨削工艺见表 4-5。

表 4-5 长方体磨削工艺

工序号	工序简图	工序内容	注意事项
1	30±0.10	粗磨	磨削前,将吸盘台面和工件上的毛刺、氧化层清除干净
2	30±0.05	半精磨	为防止工件受热变形,消除原有的凹凸不平,应多次翻转工件
3	30±0.01 Ra 0.8	精磨	为了达到加工精度,需要进行多次光磨

想一想

将以下工序排列成合理的加工路线,并将其对应顺序号写在右侧括号内。

装夹工件　　　　　　　　　　（　　）
选择切削用量并调整机床　　　（　　）

粗加工　　　　　　　　　　　（　　）
确定磨削工艺　　　　　　　　（　　）
选择砂轮　　　　　　　　　　（　　）
精加工　　　　　　　　　　　（　　）
测量工件　　　　　　　　　　（　　）

二、工件的装夹

机械加工领域大多使用磁力吸盘（图4-18）对铁磁性物质进行吸附和固定。磁力吸盘一般为矩形或圆盘形，它利用磁力将铁磁性工件吸紧，用于平面磨床，也用于铣床、车床、数控机床和加工中心等。另外，也有用精密平口钳（图4-19）装夹工件的。

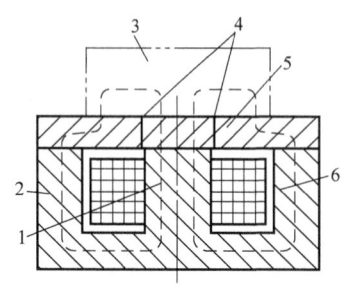

图4-18　磁力吸盘
1—心体　2—吸盘体　3—工件
4—磁层　5—钢盖板　6—线圈

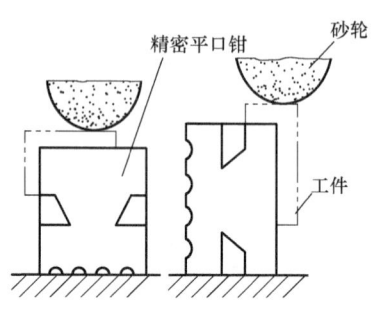

图4-19　精密平口钳

磁力吸盘按磁力来源，可分为电磁吸盘和永磁吸盘两类。

（1）电磁吸盘　电磁吸盘内部装有多组线圈，如图4-20所示，通入直流电产生磁场，吸紧工件；切断电源时，磁场消失，松开工件。

（2）永磁吸盘　永磁吸盘内部装有整齐排列并被不导磁材料隔开的永久磁铁，如图4-21所示。当磁铁与吸盘面板上的导磁体对准时，磁力线通过工件形成闭合回路，吸紧工件；转动手柄，使磁铁与导磁体错开时，磁力线不再通过工件，即可卸下工件。

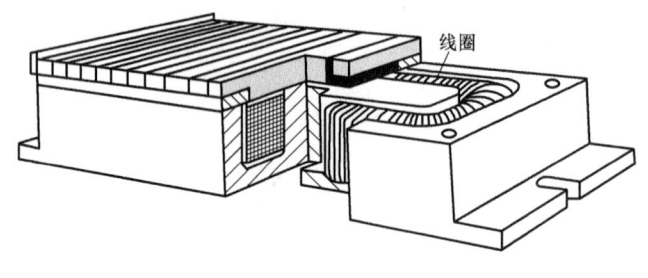

图4-20　电磁吸盘

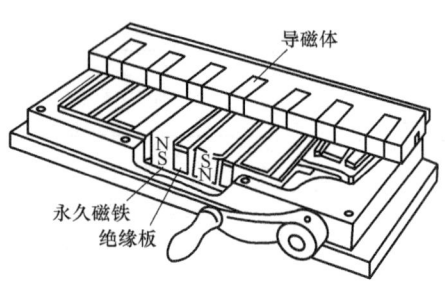

图4-21　永磁吸盘

三、梯形螺纹的加工与检测

1. 梯形螺纹车刀的几何形状

（1）高速工具钢梯形外螺纹车刀　高速工具钢梯形外螺纹车刀的几何形状如图4-22所示。

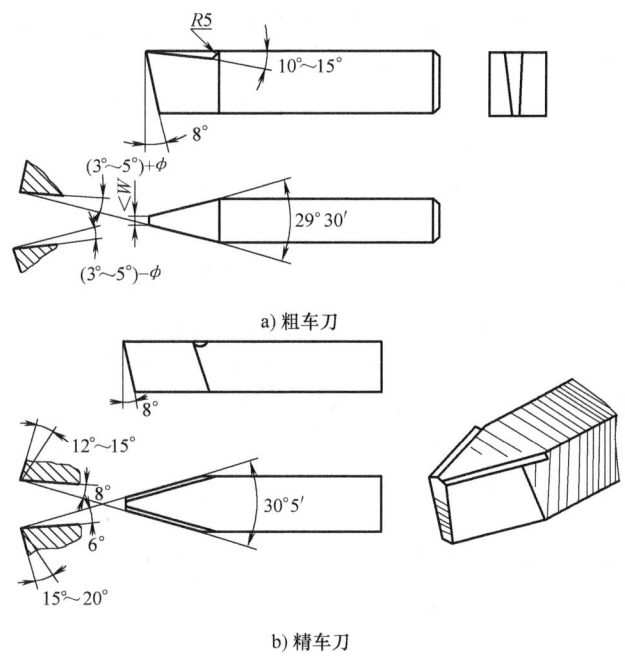

图 4-22 高速工具钢梯形外螺纹车刀

1）刀尖角。粗车刀的刀尖角（29°30′）应小于梯形螺纹的牙型角，精车刀的刀尖角（30°5′）应等于梯形螺纹的牙型角。

2）刀头宽度　粗车刀的刀头宽度应为螺距的 1/3，精车刀的刀头宽度等于牙底槽宽减 0.05mm。

3）前角　粗车刀的前角一般为 15°左右；精车刀为了保证牙型正确，其前角等于 0°。

4）后角　一般为 6°~8°。

（2）硬质合金梯形外螺纹车刀　硬质合金梯形外螺纹车刀的几何形状如图 4-23 所示。

高速车削螺纹时，由于车刀的三个切削刃同时参与车削，且进给力较大，容易引起振动。因此实际生产上，多采用在螺纹车刀前刀面上磨出两个圆弧（图 4-24 的方法），这样可使径向前角增大，车削轻快，不易振动；使切屑呈螺旋状排出，保证了操作安全。其缺点是牙型精度较差。

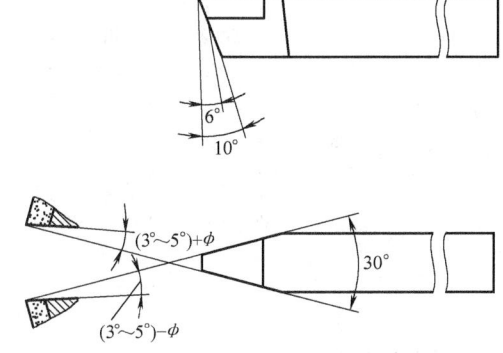

图 4-23　硬质合金梯形外螺纹车刀

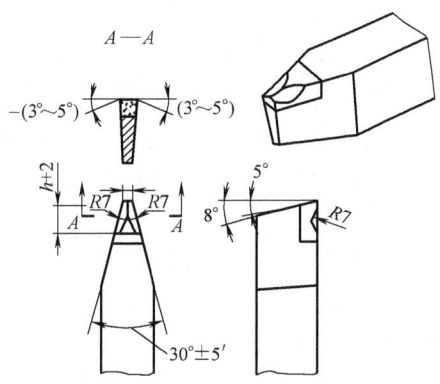

图 4-24　切削刃的修整

(3) 梯形内螺纹车刀　梯形内螺纹车刀的几何形状如图 4-25 所示。

2. 梯形螺纹车刀的刃磨

1) 粗磨主、副后刀面，使主后角为 8°~10°，副后角为 4°~6°。

2) 粗、精磨前刀面，保证前角。

3) 精磨主、副后刀面，用样板检查修正刀尖角。粗车时刀尖角为 29°30′，精车时刀尖角 30°5′。

4) 刃磨后要求梯形螺纹车刀刀面光洁，主、副切削刃直线度好，刀尖角正确。

3. 梯形螺纹车刀的安装要点

1) 梯形螺纹车刀的刀尖应对准工件中心，车刀主切削刃应与工件轴线平行。

2) 刀体中心线与工件轴线垂直；用对刀样板对刀，找正梯形螺纹车刀刀尖角的位置，保证车刀不左右歪斜，如图 4-26 所示。

3) 车刀伸出不要太长，压紧力要适当。

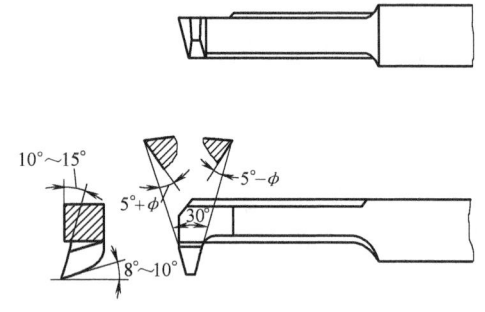

图 4-25　梯形内螺纹车刀

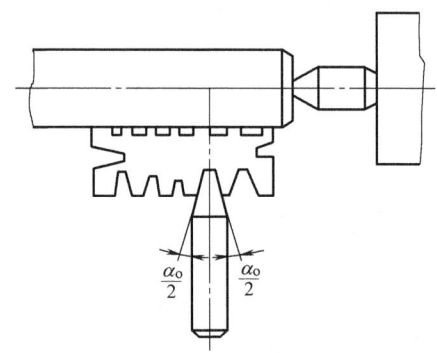

图 4-26　梯形螺纹车刀的安装

4. 梯形螺纹的加工

(1) 梯形螺纹的尺寸计算（见表 4-6）　梯形螺纹的牙型角是 30°，代号用字母 "Tr" 表示，记作 "Tr 公称直径 × 导程（螺距）-中径公差带代号-旋合长度代号"，左旋螺纹需要在尺寸之后加注 "LH"，右旋不标注。

(2) 车削方法　车削梯形螺纹的方法有低速车削和高速车削两种，精度高、细长的梯形螺纹通常选择低速车削的方法。

加工螺纹时，可根据螺距的大小及精度要求，采用一把、两把或三把刀具，加工过程可分为粗车和精车两步进行。粗车时，刀尖适当窄一些，采用左右车削法；精车时，刀尖宽度必须与螺纹牙底宽度相等，采用微量进给，低速车削，并要求有充足的切削液，以提高工件的表面质量。

(3) 加工方法　车削梯形螺纹时，应根据工件的大小和精度要求，选择其车削方法。

螺距小于 4mm 或精度要求不高的工件，可采用一把梯形螺纹车刀进行粗车和精车，粗车时可采用左右切削法（图 4-27），精车时采用直进法。

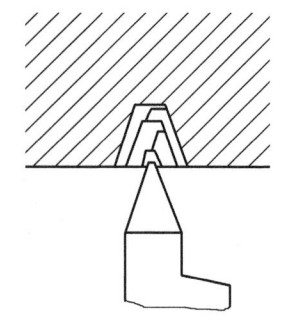

图 4-27　左右切削法

表 4-6　梯形螺纹的尺寸计算　　　　　　　　　　（单位：mm）

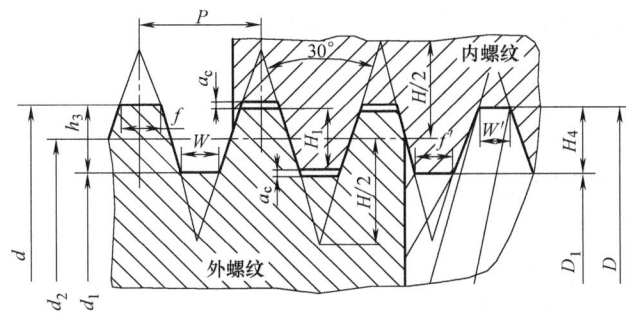

名　　称		代　号	计算公式			
牙型角		α	$\alpha = 30°$			
螺距		P	由螺纹标准确定			
牙顶间隙		a_c	P/mm	2~5	6~12	14~44
			a_c/mm	0.25	0.5	1
外螺纹	大径	d	公称直径			
	中径	d_2	$d_2 = d - 0.5P$			
	小径	d_1	$d_1 = d - 2h_3$			
	牙高	h_3	$h_3 = 0.5P + a_c$			
内螺纹	大径	D	$D = d + 2a_c$			
	中径	D_2	$D_2 = d_2$			
	小径	D_1	$D_1 = d - P$			
	牙高	H_4	$H_4 = h_3$			
牙顶宽		f、f'	$f = f' = 0.366P$			
牙底宽		W、W'	$W = W' = 0.366P$			

螺距大于 4mm 或精度要求较高的梯形螺纹一般采用分刀车削法，其车削步骤如下：

1）粗车及半精车螺纹大径至尺寸，并倒角至槽底与端面成 15°。

2）选用刀体宽度稍小于槽底宽度的切槽车刀，采用直进法粗车螺纹，每边留 0.25~0.35mm 的余量，车削小径至尺寸。

3）用粗车刀采用斜进法（图 4-28）或左右切削法车削螺纹，每边留 0.1~0.2mm 的精车余量。

另外，还可以采用分层切削法（图 4-29）粗车螺距（P > 16mm）较大的梯形螺纹。此时，由于牙槽又大又深，需要切削的面积大，为了减小进给力，可以将牙槽分几层进行切削。先用左右切削法切入到一定深度，保持背吃刀量不变，将车刀向左或向右切入，逐步将第一层粗车成形，然后用同样的方法依次车削第二层、第三层。注意，车削每一层时都要留出精车余量。

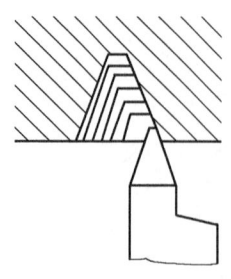

图 4-28 斜进法

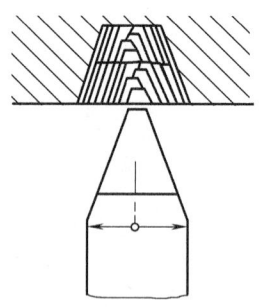

图 4-29 分层切削法

5. 梯形螺纹的检测

（1）综合测量法　用标准螺纹量规进行综合检测。

（2）三针测量法　这种方法是测量螺纹中径的一种比较精密的方法，适合测量一些精度要求较高、螺纹升角小于4°的螺纹工件。测量时，把三根直径相等的量针放置在螺纹相应的螺旋槽中，用千分尺量出两边量针顶点之间的距离 M，如图 4-30 所示。

（3）单针测量法　这种方法只需使用一根量针，将其放置在螺旋槽中，用千分尺量出螺纹外径与量针顶点之间的距离 A，如图 4-31 所示。

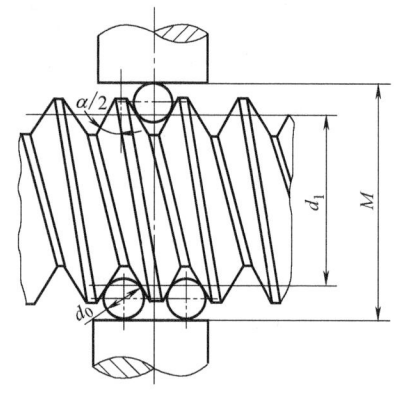

图 4-30 三针测量法

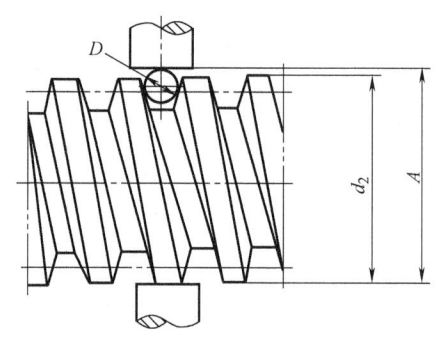

图 4-31 单针测量法

想一想

将以下工序排成合理的加工路线，并将其对应的顺序号填入右侧括号中。

　　平端面　　　　　　　　　　　　（　　）
　　粗车、精车梯形螺纹大径　　　　（　　）
　　倒角　　　　　　　　　　　　　（　　）
　　粗车、精车右端外圆　　　　　　（　　）
　　粗车梯形螺纹　　　　　　　　　（　　）
　　钻中心孔　　　　　　　　　　　（　　）
　　精车梯形螺纹，检测　　　　　　（　　）

四、平口钳制作过程

将平口钳的加工工序填入表 4-7。

表 4-7 平口钳的加工工序

任务编号		组别		记录	
加工过程记录					
序号	工序	完成情况记录	说　明		
1					
2					
3					
4					
5					
6					
7					
8					
9					
10					

活动四　检测及误差分析

1. 能使用百分表对平面进行检测。
2. 能检测零件的表面粗糙度。
3. 能分析误差产生的原因。

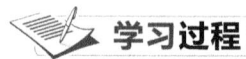

机加工车间。

学习过程

掌握以下资讯和决策，才能顺利完成任务

一、百分表的使用

百分表属于长度测量工具，其分度值为 0.01mm，是一种测量精度比较高的指示类量具。百分表只能测出相对值，不能测出绝对值，主要用于检测工件的几何误差（如圆度、平面度、垂直度、跳动等），也可用于找正零件的安装位置及测量零件的内径等。

1. 百分表的结构

如图 4-32 所示，百分表主要由三部件组成，即表体部分、传动系统和读数装置。

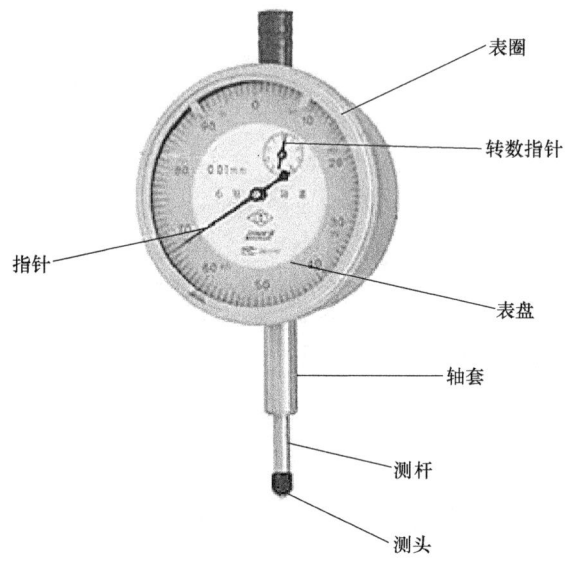

图 4-32　百分表

2. 百分表的工作原理

百分表的工作原理为：将由被测尺寸引起的测杆的微小直线位移经过齿轮传动放大，变为指针在度盘上的角位移，从而读出被测尺寸的大小。因此，百分表是利用齿条齿轮或杠杆齿轮传动，将测杆的直线位移变为指针的角位移的计量器具。

3. 百分表的读数方法

百分表的读数方法为：先读出转数指针转过的标尺标记（即毫米整数），再读出指针转过的标尺标记（即小数部分）并乘以 0.01，然后将两者相加，即得到所测量的数值。

4. 百分表与数据分析仪的结合使用

目前，利用百分表测量几何误差有一个非常简单有效的方法，即直接利用数据分析仪连接百分表进行测量，无需人工读数，数据分析仪软件可对百分表数据进行采集及分析，并计算出各测量结果，这样可以大大提高测量效率。测量示意图如图 4-33 所示。

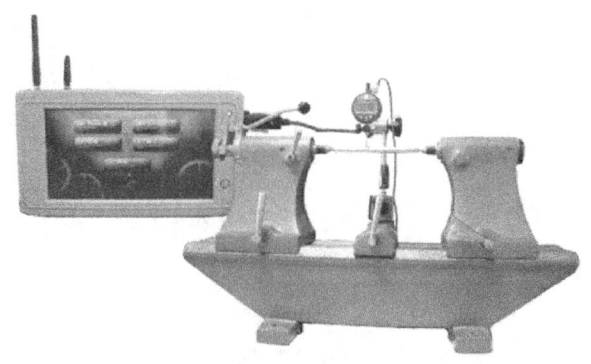

图 4-33　百分表与数据分析仪的结合使用

5. 使用百分表时的注意事项

1）使用前，应检查测杆活动的灵活性。轻轻推动测杆时，测杆在轴套筒内的移动要灵活，没有卡滞现象，每次手松开后，指针能回到原来的位置。

2）使用时，必须把百分表固定在可靠的夹持架上。切不可贪图省事，随便夹持在不稳固的地方，这样容易造成测量结果不准确或损坏百分表。

3）测量时，不要使测杆的行程超过其测量范围，不要使表头突然撞到工件上，也不要用百分表测量表面粗糙或有显著凹凸不平的工件。

4）测量平面时，百分表的测杆要与平面垂直；测量圆柱形工件时，测杆要与工件的中心线垂直。否则，将使测杆活动不灵或造成测量结果不准确。

6. 百分表的维护与保养

1）远离液体，不使切削液、水或油与百分表接触。

2）不使用时要摘下百分表，解除其所有负荷，让测杆处于自由状态。

3）百分表应成套保存于盒内，避免丢失与混用。

在机械零件的检测中，还有一种测量精度比百分表更高指示表——千分表，其分度值为 0.001mm。在实际测量中，可以根据工件尺寸测量的要求决定选择哪种指示表。

二、零件的检测

检测平台钳各零件，其精度要求见表 4-8 ~ 表 4-14。

表 4-8 底座加工评分表

姓名			加工用时			总得分		
名称		底座	考核日期					
序号	检测内容			配分	评分标准	检测结果	得分	备注
1	长度	$60_{-0.02}^{0}$ mm	IT	6	每超差 0.01mm 扣 3 分			
			Ra	4	每降一级扣 2 分			
2		$14_{0}^{+0.10}$ mm	IT	6	每超差 0.05mm 扣 3 分			
			Ra	4	每降一级扣 2 分			
3		$12_{0}^{+0.05}$ mm	IT	6	每超差 0.05mm 扣 3 分			
			Ra	4	每降一级扣 2 分			
4		$34_{-0.02}^{0}$ mm	IT	6	每超差 0.05mm 扣 3 分			
			Ra	4	每降一级扣 2 分			
5		22mm	IT	4	每超差 0.05mm 扣 2 分			
6		24mm	IT	4	每超差 0.05mm 扣 2 分			
7		6mm	IT	4	每超差 0.05mm 扣 2 分			
8		12mm	IT	4	每超差 0.05mm 扣 2 分			
9		170mm	IT	4	每超差 0.05mm 扣 2 分			
10		20mm	IT	4	每超差 0.05mm 扣 2 分			
11		150mm	IT	4	每超差 0.05mm 扣 2 分			
12		8mm	IT	2	每超差 0.05mm 扣 1 分			
13	孔	4×φ6mm↧ 20mm	IT	5	每降一级扣 2 分			
			Ra	2	每降一级扣 1 分			
14	螺孔	4×M6×1	IT	6	每降一级扣 2 分			
			Ra	2	每降一级扣 1 分			
15	垂直度	0.02mm	IT	10	每超差 0.01mm 扣 5 分			
16	其他			5	酌情扣分			
17	文明生产	按有关规定每违反一项从总分中扣 3 分,发生重大事故者取消考试资格				扣分不超过 10 分		
18	其他项目	一般按照 GB/T 1804-M。使用螺纹量规检测螺纹,通规可以通过全程螺纹,且止规旋入少于三个牙为合格				扣分不超过 10 分		
		工件必须完整,考件局部无缺陷(夹伤等)						
19	加工时间	90min 后尚未开始加工,终止考试;150min 后,每超过 1min 扣 1 分;180min 时停止加工						
组别			组长			质检人	评分人	

表 4-9 前支承板加工评分表

姓名		加工时间			总得分		
名称	前支承板	考核日期					
序号	检测内容		配分	评分标准	检测结果	得分	备注
1	$60_{-0.03}^{0}$ mm	IT	10	每超差 0.01mm 扣 3 分			
		Ra	5	每降一级扣 2 分			
2	$50_{-0.02}^{0}$ mm	IT	10	每超差 0.01mm 扣 3 分			
		Ra	5	每降一级扣 2 分			
3	长度 $34_{-0.02}^{0}$ mm	IT	10	每超差 0.01mm 扣 3 分			
		Ra	5	每降一级扣 2 分			
4	(6±0.01)mm	IT	5	每超差 0.005mm 扣 2 分			
5	(12±0.01)mm	IT	5	每超差 0.005mm 扣 2 分			
6	10mm	IT	5	每超差 0.05mm 扣 2 分			
7	20mm	IT	5	每超差 0.05mm 扣 2 分			
8	孔 2×φ10mm	IT	5	每超差 0.05mm 扣 2 分			
		Ra	5	每降一级扣 2 分			
9	2×φ6mm	IT	5	每超差 0.05mm 扣 2 分			
		Ra	5	每降一级扣 2 分			
10	垂直度 0.03mm	IT	10	每超差 0.01mm 扣 2 分			
11	其他		5	酌情扣分			
12	文明生产	按有关规定每违反一项从总分中扣 3 分,发生重大事故者取消考试资格			扣分不超过 10 分		
13	其他项目	一般按照 GB/T 1804-M			扣分不超过 10 分		
		工件必须完整,考件局部无缺陷(夹伤等)					
14	加工时间	90min 后尚未开始加工,终止考试;150min 后,每超过 1min 扣 1 分;180min 时停止加工					
组别		组长		质检人		评分人	

表 4-10 固定钳口加工评分表

姓名		加工用时			总得分		
名称		固定钳口	考核日期				
序号	检测内容		配分		评分标准	检测结果	得分	备注

序号	检测内容			配分	评分标准	检测结果	得分	备注
1	长度	$60_{-0.02}^{0}$mm	IT	10	每超差 0.01mm 扣 3 分			
			Ra	5	每降一级扣 2 分			
2		$50_{-0.02}^{0}$mm	IT	10	每超差 0.01mm 扣 3 分			
			Ra	5	每降一级扣 2 分			
3		$34_{-0.02}^{0}$mm	IT	10	每超差 0.01mm 扣 3 分			
			Ra	5	每降一级扣 2 分			
4		(6±0.01)mm	IT	5	每超差 0.005mm 扣 2 分			
5		(12±0.01)mm	IT	5	每超差 0.005mm 扣 2 分			
6		10mm	IT	5	每超差 0.05mm 扣 2 分			
7		20mm	IT	5	每超差 0.05mm 扣 2 分			
8	孔	2×φ10mm	IT	4	每超差 0.05mm 扣 2 分			
			Ra	4	每降一级扣 2 分			
9		2×φ6mm	IT	4	每超差 0.05mm 扣 2 分			
			Ra	4	每降一级扣 2 分			
10	螺纹孔	Tr16×4-7e	IT	8	每超差 0.05mm 扣 2 分			
11	垂直度	0.03mm	IT	6	每超差 0.01mm 扣 2 分			
12	其他			5	酌情扣分			
13	文明生产	按有关规定每违反一项从总分中扣 3 分,发生重大事故者取消考试资格				扣分不超过 10 分		
14	其他项目	一般按照 GB/T 1804—M。用螺纹量规检测螺纹,通规可以通过全程螺纹,且止规旋入少于三个牙为合格				扣分不超过 10 分		
		工件必须完整,考件局部无缺陷(夹伤等)						
15	加工时间	90min 后尚未开始加工,终止考试;150min 后,每超过 1min 扣 1 分;180min 时停止加工						
组别		组长			质检人		评分人	

表4-11 活动钳口加工评分表

姓名			加工用时				总得分		
名称		活动钳口	考核日期						
序号	检测内容			配分	评分标准		检测结果	得分	备注
1	长度	$12_{-0.05}^{0}$ mm	IT	6	每超差0.01mm扣2分				
			Ra	4	每降一级扣2分				
2		$14_{0}^{+0.05}$ mm	IT	6	每超差0.02mm扣3分				
			Ra	4	每降一级扣2分				
3		(14 ± 0.01) mm	IT	6	每超差0.005mm扣3分				
			Ra	4	每降一级扣2分				
4		$60_{-0.03}^{0}$ mm	IT	6	每超差0.01mm扣2分				
			Ra	4	每降一级扣2分				
5		18mm	IT	4	每超差0.05mm扣2分				
6		20mm	IT	4	每超差0.05mm扣2分				
7		10mm	IT	4	每超差0.05mm扣2分				
8		36mm	IT	4	每超差0.05mm扣2分				
9		30mm	IT	4	每超差0.05mm扣2分				
10	孔	$\phi16_{0}^{+0.02}$ mm	IT	6	每超差0.05mm扣2分				
			Ra	4	每降一级扣2分				
11		ϕ10mm↧10mm	IT	4	每降一级扣2分				
			Ra	2	每降一级扣2分				
12	螺纹孔	M6×1↧10mm	IT	9	每降一级扣2分				
			Ra	2	每降一级扣2分				
13	垂直度	0.01mm	IT	8	每超差0.005mm扣2分				
14	其他			5	酌情扣分				
15	文明生产	按有关规定每违反一项从总分中扣3分,发生重大事故者取消考试资格					扣分不超过10分		
16	其他项目	一般按照GB/T 1804—M。用螺纹量规检测螺纹,通规可以通过全程螺纹,且止规旋入少于三个牙为合格 工件必须完整,考件局部无缺陷(夹伤等)					扣分不超过10分		
17	加工时间	90min后尚未开始加工,终止考试;150min后,每超过1min扣1分;180min时停止加工							
组别			组长			质检人		评分人	

表 4-12 螺杆评分表

姓名		加工用时				总得分		
名称	螺杆	考核日期						
序号	检测内容			配分	评分标准	检测结果	得分	备注
1	外圆	$\phi 16_{-0.20}^{-0.10}$ mm	IT	10	每超差 0.01mm 扣 3 分			
			Ra	5	每降一级扣 2 分			
2	外圆	$\phi 8_{-0.20}^{0}$ mm	IT	10	每超差 0.05mm 扣 3 分			
			Ra	5	每降一级扣 2 分			
3		$\phi 12_{-0.10}^{0}$ mm	IT	10	每超差 0.05mm 扣 3 分			
			Ra	5	每降一级扣 2 分			
4	长度	3mm	IT	5	每超差 0.05mm 扣 2 分			
5		$6_{+0.10}^{+0.20}$ mm	IT	5	每超差 0.05mm 扣 2 分			
6		6.5mm	IT	5	每超差 0.05mm 扣 2 分			
7		190mm	IT	5	每超差 0.05mm 扣 2 分			
8		$13_{0}^{+0.10}$ mm	IT	5	每超差 0.05mm 扣 2 分			
9	螺纹	Tr16×4-7e	IT	10	每超差 0.05mm 扣 3 分			
			Ra	5	每降一级扣 2 分			
10	通孔	$\phi 6$	IT	5	每超差 0.05mm 扣 2 分			
			Ra	5	每降一级扣 2 分			
11	其他			5	酌情扣分			
12	文明生产	按有关规定每违反一项从总分中扣 3 分,发生重大事故者取消考试资格				扣分不超过 10 分		
13	其他项目	一般按照 GB/T 1804—M。用螺纹量规检测螺纹,通规可以通过全程螺纹,且止规旋入少于三个牙为合格				扣分不超过 10 分		
		工件必须完整,考件局部无缺陷(夹伤等)						
14	加工时间	90min 后尚未开始加工,终止考试;150min 后,每超过 1min 扣 1 分;180min 时停止加工						
组别		组长			质检人		评分人	

表 4-13 驱动旋钮加工评分表

姓名		加工用时				总得分		
名称	驱动旋钮	考核日期						
序号	检测内容			配分	评分标准	检测结果	得分	备注
1	外圆	($\phi 16 \pm 0.05$)mm	IT	10	每超差 0.01mm 扣 3 分			
			Ra	5	每降一级扣 2 分			
2		($\phi 24 \pm 0.05$)mm	IT	10	每超差 0.02mm 扣 3 分			
			Ra	5	每降一级扣 2 分			
3	长度	7.5mm	IT	5	每超差 0.05mm 扣 2 分			
4		15mm	IT	5	每超差 0.05mm 扣 2 分			

（续）

姓名			加工用时				总得分		
名称		驱动旋钮	考核日期						
序号	检测内容			配分	评分标准	检测结果		得分	备注
5	长度	6.5mm		IT 5	每超差0.05mm扣2分				
6		15mm		IT 5	每超差0.05mm扣2分				
7		30mm		IT 5	每超差0.05mm扣2分				
8	孔	$\phi12^{+0.10}_{\ 0}$mm		IT 10	每超差0.05mm扣2分				
				Ra 5	每降一级扣2分				
9		$\phi10^{+0.10}_{\ 0}$mm		IT 5	每超差0.05mm扣2分				
				Ra 5	每降一级扣2分				
10		$\phi6$mm		IT 5	每超差0.05mm扣2分				
				Ra 5	每降一级扣2分				
11	垂直度	0.03mm		IT 5	每超差0.01mm扣2分				
12	其他			5	酌情扣分				
13	文明生产	按有关规定每违反一项从总分中扣3分,发生重大事故者取消考试资格				扣分不超过10分			
14	其他项目	一般按照GB/T 1804—M				扣分不超过10分			
		工件必须完整,考件局部无缺陷(夹伤等)							
15	加工时间	90min后尚未开始加工,终止考试;150min后,每超过1min扣1分;180min时停止加工							
组别			组长			质检人		评分人	

表4-14 螺套加工评分表

姓名			加工用时				总得分		
名称		螺套	考核日期						
序号	检测内容			配分	评分标准	检测结果		得分	备注
1	外圆	$\phi24^{\ 0}_{-0.05}$mm		IT 15	每超差0.01mm扣3分				
				Ra 5	每降一级扣2分				
2	螺纹	Tr16×4-7H		IT 20	每超差0.05mm扣4分				
				Ra 10	每降一级扣2分				
3	长度	15mm		IT 10	每超差0.05mm扣3分				
4		3mm		IT 10	每超差0.05mm扣3分				
5		7.5mm		IT 10	每超差0.05mm扣3分				
6	其他			10	酌情扣分				
7	文明生产	按有关规定每违反一项从总分中扣3分,发生重大事故者取消考试资格				扣分不超过10分			
8	其他项目	一般按照GB/T 1804—M。用螺纹量规检测螺纹,通规可以通过全程螺纹,且止规旋入少于三个牙为合格				扣分不超过10分			
		工件必须完整,考件局部无缺陷(夹伤等)							
9	加工时间	90min后尚未开始加工,终止考试;150min后,每超过1min扣1分;180min时停止加工							
组别			组长			质检人		评分人	

三、误差产生原因分析

填写误差分析表（见表4-15）

表4-15 误差分析表

序号	加工过程中的问题	检查情况	原因分析	备注（处理方案）
1	尺寸精度达不到要求	□是 □否	□对刀测量时有误差 □量具握法不正确 □读数有误 □其他	
2	表面粗糙度达不到要求	□是 □否	□刀具前角和后角的角度不够 □转速和进给量选择不正确 □其他	
3	崩刀	□是 □否	□刀具前角和后角太大,刚性不足 □背吃刀量太大 □进给量过大 □其他	
4	零件表面出现振纹	□是 □否	□刀具主偏角不正确 □零件伸出过长,刚性差 □其他	
5	刀具干涉	□是 □否	□刀具几何角度刃磨不合格 □装夹刀具时没对中心,刀具过高或过低 □其他	
6	撞刀	□是 □否	□对刀时坐标值输入错误 □对刀过程错误 □程序编写错误 □输入程序时遗漏信息字 □其他	
7	其他	□是 □否		

活动五 设备维护保养

学习目标

1. 能进行普通磨床的日常维护与保养。
2. 能按照车间现场管理规定整理现场。

学习地点

机加工车间。

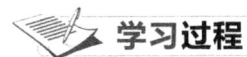
学习过程

掌握以下资讯和决策，才能顺利完成任务

一、普通磨床的日常维护与保养

为了保证磨床的正常运转，减少磨损，延长其使用寿命，应有专人负责其保养，定期检修，确保磨床处于良好状态。

1. 磨床保养注意事项

1) 研磨前，请校正砂轮平衡。
2) 必须根据工件材质和硬度等选择砂轮。
3) 主轴端与砂轮凸缘应涂薄油膜以防生锈。
4) 注意主轴旋转方向。
5) 禁止使用空气枪清洁工件及设备。
6) 注意油路是否顺畅。
7) 每周清洁一次吸尘管和过滤网。
8) 吸力弱时，请检查吸尘管是否被粉屑堵塞。
9) 必须保持吸尘管道清洁，否则会引起燃烧。
10) 作业完毕，设备各处尤其是滑动部位，应擦拭干净并上油。
11) 清除磨床各部位的研磨屑。

2. 磨床吸盘的保养

永磁吸盘或电磁吸盘的盘面为达到工件研磨精度的基础，应妥善维护和保养。若工件精度差或盘面有损伤，必须再次研磨，使盘面精度合乎要求，这样才能确保工件精度。

3. 磨床润滑系统的保养

润滑油最初使用时应每月更换，以后每 3~6 个月更换一次，油槽下方有泄油栓供泄油用。换油时，应将槽内部及过滤器一并清洗。

二、安全文明生产

根据生产过程填写监控表（见表 4-16）。

表 4-16 安全文明生产过程监控

序号	过程	项 目	要 求	执行情况	
1	1S（整理）	刀架匙的使用和摆放	用完应随手取下，并摆放在指定位置	□合理	□有待改进
2		卡盘匙的使用和摆放	用完应随手取下，并摆放在指定位置	□合理	□有待改进
3		加力棒的使用和摆放	用完应随手取下，并摆放在指定位置	□合理	□有待改进
4		毛刷等清洁用品的摆放	用完在指定位置摆放整齐	□合理	□有待改进
5		量具的摆放	用完在指定位置摆放整齐	□合理	□有待改进
6		零件的摆放	用完在指定位置摆放整齐	□合理	□有待改进
7		毛坯的摆放	用完在指定位置摆放整齐	□合理	□有待改进

(续)

序号	过程	项目		要　　求	执 行 情 况	
8	2S(整顿)	工场的整理		随时保持整洁,经得住检查	□整洁	□有待改进
9		工具架的摆放和整理		需在指定位置摆放整齐,保持整洁	□合理	□有待改进
10		工具车的摆放和整理		用完需在指定位置摆放整齐,上锁	□合理	□有待改进
11	3S(清扫)	每天轮流值日		保持车间整洁,及时清理垃圾	□整洁	□有待改进
12		机床周边卫生		保持车间整洁,及时清理	□整洁	□有待改进
13		机床卫生	外表	保持机床整洁,及时清理	□整洁	□有待改进
			导轨	保持机床整洁,及时清理	□整洁	□有待改进
			传动系统	保持机床整洁,及时清理	□整洁	□有待改进
			冷却系统	保持机床整洁,及时清理	□整洁	□有待改进
			润滑系统	保持机床整洁,及时清理	□整洁	□有待改进
14		切屑的清理		统一收集,每天清理	□有	□有待改进
15		下班前,刀架返回机械零点		刀架应停放在尾座附近	□有	□有待改进
16	4S(清洁)	每周进行一次大扫除		注意清理卫生死角	□整洁	□有待改进
17		切屑和废品的处理		统一收集,定期清理	□整洁	□有待改进
18	5S(素养)	穿戴劳保用品		劳保用品穿戴整齐,扣好钮扣	□有	□有待改进
19		开机前的检查		检查有无损坏或异常,有问题及时汇报	□有	□有待改进
20		开机预热		每班次加工前预热3~5min	□有	□有待改进
21		润滑		做好润滑工作,保证机床正常运行	□有	□有待改进
22	6S(安全)	安全通道		保持通道顺畅	□符合要求 □有待改进	
23		清除安全隐患(预见能力)		及时清除安全隐患,杜绝伤害发生	□符合要求 □有待改进	
24		安全文明操作		及时清除安全隐患,杜绝伤害发生	□符合要求 □有待改进	
总体表现	□好　　□有待改进 有待改进方面说明:				安全员:(签名)	

活动六　工作总结与评价

学习目标

1. 能对学习任务进行合理的总结和归纳。
2. 能对学习过程提出合理的建议。
3. 能客观、公正地进行评价。

机加工车间。

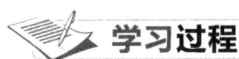

掌握以下资讯和决策,才能顺利完成任务

一、总结

通过本次的工作过程,你学到了什么?对出现的问题提出合理的建议。

二、工作效果评价

1. 计划能力评价(见表 4-17)

表 4-17 计划能力评价

标准/指标	优	良	中	差
界定问题的范围				
明确任务目标				
检查现有状况、系统和故障来源				
对解决问题的办法进行可行性评估				
编制计划能力				
实施工作计划能力				
根据需要灵活调整计划的能力				

2. 独立获取信息能力评价(见表 4-18)

表 4-18 独立获取信息能力评价

评价	全面	完整	齐全	不全
随时准备获取信息	□	□	□	□
利用专业书籍(工具书)	□	□	□	□
运用数据表格	□	□	□	□
利用非印刷媒体	□	□	□	□
利用图书馆	□	□	□	□

3. 协作能力评价（见表 4-19）

表 4-19 协作能力评价

标准/指标	优	良	中	差
考虑到问题的难度				
能听取他人的意见和建议				
可信、可靠				
具有责任心				
具有团队协作意识				

4. 课业评价（见表 4-20）

表 4-20 课业评价

项目	自我评价			小组评价			教师评价		
	10~8	7~6	5~1	10~8	7~6	5~1	10~8	7~6	5~1
参与情况									
工作态度									
安全操作规程遵守情况									
规程和制度执行情况									
叙述和解读任务情况									
服从工作安排情况									
完成加工任务情况									
零件自检情况									
清理工作现场情况									
展示汇报情况									
总评									

5. 项目评价（见表 4-21）

表 4-21 项目评价

序号	标准/指标		自我评价	教师评价
1	专业能力	图样绘制		
2		特征描述		
3		基准选择		
4		工序划分		目标是否达到
5		工艺制订		
6		装夹定位		☐ 是
7		刀具选择		☐ 否
8	方法能力	编制计划能力		
9		实施工作计划能力		
10		独立获取信息能力		
11	社会能力	交流能力		
12		协作能力		
13		对技术构成的理解力		

评价：

组长签名：

指导教师签名：

考核任务

制作多功能安全锤

任务情境

某五金设备厂需要制作一批多功能安全锤,现将本次加工任务分配给每一位同学。要求以工作任务二为原型,充分发挥各自的想象力,应用所需知识和技能,每位同学制作一个多功能安全锤。

学习目标

1. 能加强安全生产意识,严格按照安全生产规程进行生产。
2. 能根据上述任务要求制作一个多功能安全锤,独立设计图样和制订加工工艺。
3. 能合理地选择相关设备,保证加工精度,节省工时,提高生产率。
4. 能准确地检测产品,并对出现的问题进行分析。
5. 能按车间6S管理规定整理现场。
6. 能按要求填写设备运行记录,并按照设备保养规定保养机床。

提示:在完成上述任务的过程中,可以使用常见的教学资料,如专业教材、机械加工手册、相关机床说明书、个人笔记及计算器等。

考 核 过 程

1. 设计图样

根据任务要求，查阅相关资料或通过互联网设计出产品图样（比例自定）。

2. 制订工艺路线

序号	工步内容	使用设备	使用量具	备注

3. 产品检测

姓名		加工用时			
产品名称		考核日期		总得分	

序号	检测内容	配分	评分标准	检测结果	得分	备注
	文明生产	按有关规定每违反一项从总分中扣3分,发生重大事故者取消考试资格			扣分不超过10分	
	其他项目	工件必须完整,考件局部无缺陷(夹伤等)			扣分不超过10分	
	加工时间	60min后尚未开始加工,终止考试;150min后,每超过1min扣1分;180min时停止加工				

组别		组长		质检人		评分人	

4. 分析问题原因

通过以上检测,分析产品加工过程中出现问题的原因及解决方法。

答:

经过本学期的学习和考核，对本门课程进行合理的学习总结并提出建议。

学生总结或建议：

学生签名：

教师评价：

教师签名：

参 考 文 献

[1] 张玉中. 钳工实训 [M]. 北京：清华大学出版社，2006.
[2] 李新德. 普车加工技能训练 [M]. 大连：大连理工大学出版社，2010.
[3] 赵明久. 普通铣床操作与加工实训 [M]. 北京：电子工业出版社，2009.
[4] 朱民. 金工实习 [M]. 成都：西南交通大学出版社，2009.